TRAITÉ COMPLET

DE

L'INSTITUTION DE LA PRESSE,

TELLE QU'ELLE EST POSSIBLE

ET PRATICABLE EN FRANCE, AU XIXe SIÈCLE.

Renfermant

LA RÉFUTATION DU DERNIER PROJET DE LOI,

Et adressé à la Chambre des Députés.

Par M. de Lisle,

RÉDACTEUR EN CHEF DE *LA FRANCE*,

Journal des intérêts Monarchiques et Religieux de l'Europe.

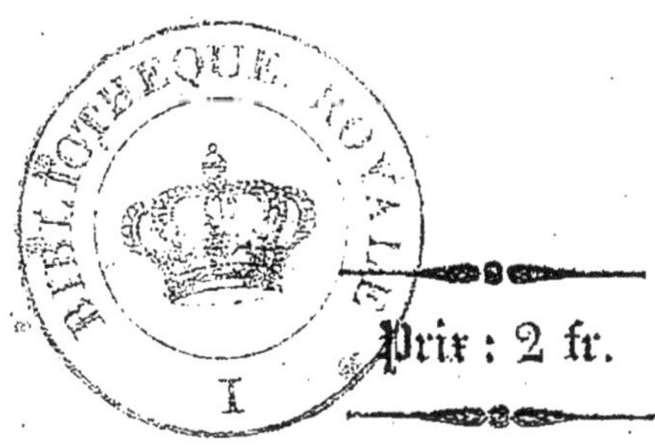

Prix : 2 fr.

PARIS.

SE VEND AU BUREAU DE *LA FRANCE*,

rue des Filles-Saint-Thomas, 1, place de la Bourse,

ET CHEZ LES PRINCIPAUX LIBRAIRES.

1835.

TRAITÉ

COMPLET

DE

L'INSTITUTION DE LA PRESSE,

TELLE QU'ELLE EST POSSIBLE ET PRATICABLE EN FRANCE, AU XIXe SIÈCLE.

A la Chambre des Députés.

PREMIÈRE LETTRE. (1)

Considérations générales sur le projet de loi contre la presse.

MESSIEURS,

Un des plus grands publicistes de l'époque, M. de Bonald, a dit dans l'enceinte même où vous siégez (2) :

« Les gens habiles ne sont pas tous dans les conseils; et placés « qu'ils sont à une juste distance des objets, ni trop haut, ni trop « bas, ils peuvent savoir bien des choses qui échappent à l'attention « ou à la préoccupation des hommes en autorité, et leur dire, par « la voie des journaux, d'utiles vérités qu'ils ne voudraient pas voir « enfouies dans les cartons d'un bureau, ou voir soumises à la cen- « sure d'un commis. »

Sans prétendre au titre de *gens habiles*, c'est pourtant le rôle que le grand écrivain assigne à cette classe d'hommes dont nous nous arrogeons ici le privilége et l'emploi ; et l'objet de cette correspondance fera foi, si nous avons d'*utiles* vérités à dire aux *hommes d'autorité* dont la préoccupation domine la vôtre. Prêtez-nous quelque attention, la matière en vaut la peine ; et vous verrez, Mes-

(1) Ces lettres sont extraites de *la France*, où elles ont été successivement publiées depuis la présentation du projet de loi contre la presse, et sous l'inspiration des premières discussions. La 1re a paru le 8 août.

(2) Discours de M. le vicomte de Bonald du 28 janvier 1817.

sieurs, si toutes les lumières dont vous avez besoin pour vous engager dans le dédale où l'on vous appelle, sont renfermées dans le disque du conseil dont vous avez fait votre auréole.

Sans admettre que le cercle des réglemens parlementaires dont vous faites en général la base de vos discussions, prouve autre chose qu'une position exceptionnelle dont toute la force est dans sa nature exclusive et isolée, nous nous proposons néanmoins de nous y soumettre bénévolement pour vous prouver qu'ici nous ne sommes guidés que par le désir de vous éclairer de nos réflexions sur le grave sujet de vos délibérations prochaines. *La France* n'est point un journal de parti : *la France* a pour but et pour objet, au contraire, l'extinction de tous les partis dans une conviction commune, qui supplée la foi politique, religieuse et morale dont la monarchie avait jadis fait l'âme de nos mœurs et le lien de notre état social. *La France* ne parle qu'aux convictions, seulement son langage se règle tour-à-tour sur les intelligences auxquelles elle s'adresse; et c'est successivement à toutes qu'elle s'adresse; aujourd'hui, c'est à vous, et vous allez éprouver si, pour ce faire, elle a besoin de s'élever jusqu'à vous, ou de vous convier à monter au niveau de ses vues.

Deux exposés vous ont été faits des circonstances qui, au dire de leurs auteurs, MM. de Broglie et Persil, rendent urgente la loi répressive dont le projet vous a été soumis. Ces exposés sont comme le préambule de cette mesure violente; ils en sont les prolégomènes préparatoires, conçus dans le dessein de préparer vos esprits à l'adoption de cette incommensurable initiative. C'est le prologue de la pièce qu'on s'apprête à jouer, ou plutôt c'en est l'*argument*, comme chez les Romains; et toute la substance du projet de loi dont il est le vestibule s'y trouve en raccourci.

Ce sont donc ces deux rapports préparatoires qu'il faut commencer par analyser, pour avoir la juste mesure des considérations sur lesquelles repose leur unique objet. Ensuite nous examinerons la nature et l'opportunité de cet objet, qui est la répression des abus de la presse; et après cela, nous poserons les bases de la seule institution qui, dans les circonstances présentes, soit susceptible, non seulement d'atteindre à ce but dans l'intérêt du moment, mais encore de convertir cette puissance sociale, jusqu'ici vouée à des œuvres de destruction, en une puissance génératrice et tutélaire. Voilà, Messieurs, vous en conviendrez, un genre d'opposition qui, pour nous servir du jargon en crédit, est tout-à-fait *constitutionnelle*; et ce vous sera peut-être un texte à quelques réflexions salutaires, que cette preuve acquise, que la plus formidable opposition que vous ayez encore eue à subir, soit celle dont l'esprit est uniquement puisé dans les véritables erremens de l'ordre social en général et dans la plus exacte connaissance des seuls moyens de le rétablir parmi nous en particulier.

Pour commencer par l'analyse des deux rapports du ministère sur la prétendue nécessité de la mesure *ab irato* qu'on vous propose, tout en vous promettant de nous contenir dans les bornes d'une pitié toute parlementaire, qu'il nous soit cependant permis de donner essor quelquefois au profond dédain que nous inspire cet incroyable tissu d'erreurs, d'incohérences et d'absurdités en tout genre, dont ce panorama politique et moral est le laborieux assemblage. Mais ces élans de logique irritée tomberont, autant que possible, plus sur le tort de la position publique, que sur le travers personnel du caractère des agens du ministère chargés de cette cauteleuse mission.

Le premier vice de ce *factum* législatif est le captieux effort qu'il fait pour rattacher l'urgence de cette loi comminatoire à l'horrible attentat du 28 juillet, effort dont chaque jour de l'instruction relative à ce crime vient révéler la chimérique prétention. Permis à l'homme d'état d'user de prétextes et de recourir aux détours pour arriver à ses fins; mais maudite soit la loi qui se cache derrière une impression passagère ou fortuite, pour y établir le foyer de son action déguisée.

On vous trompe, messieurs les députés, quand on vous dit : « *C'est* « *au nom de la France* (et pour prévenir le retour des dangers aux« quels l'état vient d'échapper), qu'on vient vous proposer *les me-* « *sures qui semblent les plus propres à la rassurer et à mettre hors* « *de péril la constitution de l'état.* »

Car le crime auquel on fait allusion n'a rien de commun avec l'objet de cette loi; et en fût-il le fruit direct, *ces mesures* sont plutôt propres à en multiplier la pensée qu'à en étouffer le germe homicide. La compression, au moral comme au physique, centuple la force des élémens auxquels on fait obstacle, et plus ils sont dangereux, plus il faut de soins pour en tempérer les effets naturels. La presse n'est pas plus coupable du crime de Fieschi qu'elle ne l'est de tous ceux qui depuis un siècle ont amené nos mœurs à cet état d'immoralité qui ne connaît plus de frein; et le fût-elle encore, punissez-la, mais ne l'avilissez point en l'affiliant au forfait dont elle se défend.

C'est donc évidemment sur un prétexte que se fonde cette loi pour motiver son outrageante rigueur. Mais tout prétexte est de sa nature transitoire, et la loi n'est loi qu'autant qu'elle adhère aux mœurs dont elle est la règle immuable. Et pourquoi ce prétexte? le voici : la loi projetée est un démenti formel aux conditions originaires du pacte fait entre l'autorité actuelle et la puissance qui l'a instituée; ces conditions se trouvent être incompatibles avec le libre exercice de son droit, et sous peine d'y renoncer, il lui faut rompre le pacte duquel il émane; et pour le rompre, tout frais encore du sceau de son origine, il fallait une occasion propice, que l'on croit avoir trouvée dans la stupeur générale, née du crime des boulevards.

Fort bien, Messieurs, mais n'est-ce pas une monstruosité législative, que de consacrer en quelque sorte la mémoire d'un si grand crime par une loi solennelle? En prévoir le retour, n'est-ce pas le supposer possible? et le supposer possible, n'est-ce pas en créer la probabilité?

« Le mal n'est pas nouveau..., dit M. de Broglie... le péril, à « peine écarté sous une forme, reparaît sous une autre... on re-« met périodiquement en question la monarchie... on doutera bien-« tôt qu'il y ait un gouvernement... Ce tableau est très-véritable, « ajoute-t-il, après avoir énuméré toutes les plaies de la société, « de l'état et du gouvernement. »

Oui, sans doute, tout cela est vrai, et tout cela, qui plus est, la presse en est la cause. Mais ce désordre, cette confusion, cette insubordination sociale, par elle infiltrée dans nos mœurs, ne datent-ils que de 1830 (1)? C'est là qu'est toute la question. A quoi sert-il de savoir le mal si l'on n'en connaît pas le siége, ou d'y chercher un remède si l'on en ignore la nature? Il ne s'agit donc, ni de récriminer sur le passé, ni d'examiner si la presse a fait plus de mal que de bien, et causé plus de désordres à réparer que répandu d'idées salutaires à développer; la question est dans sa puissance actuelle et se réduit à ceci : propice ou fatale, innocente ou coupable du crime dont on prend occasion pour l'étouffer, la presse peut-elle être restreinte au point qu'on se le propose et par les voies qu'on vous propose? Evidemment non : toute puissance sociale, une fois qu'elle a éprouvé sa force et que sa force est de nature, non-seulement à lutter contre l'état, mais encore à en triompher, ne peut plus rentrer dans les cadres de l'obéissance passive; et plus l'on fera d'efforts pour l'y refouler, plus elle éclatera avec violence. Nous démontrerons cette proposition jusqu'à l'évidence dans une seconde lettre.

Pour en revenir au sinistre tableau que M. de Broglie n'a encore qu'imparfaitement tracé de notre état social actuel, peu importe la cause ou l'occasion d'un mal, ou chronique ou aigu, dès qu'une fois il existe; toutes les imprécations et malédictions prodiguées à la source d'un désastre ou physique ou moral, n'en arrêteront pas les effets. On ne remédie pas à une jambe cassée en tuant le cheval qui, en se cabrant, a causé la chute dont la fracture est la suite. On ne rebâtit pas une maison dévorée par l'incendie en s'interdisant à jamais l'usage du feu. Toute cette peinture des abus et des dangers de la presse est donc, de la part des deux rapporteurs de ce projet de loi, tout-à-fait hors de la question. Ces abus, ces dangers, sont inhérens à sa nature actuelle, et la question est de savoir si l'on peut, non pas en modérer l'usage, mais le déraciner entièrement des mœurs, ou bien en changer la nature en la tirant de son état

(1) Dans la séance du 25 août, M. Royer Collard a développé la même idée.

sauvage par une culture spéciale. Ceci fera le sujet d'une troisième lettre.

« Le but des lois qui vont vous être successivement présentées est « de faire rentrer TOUS LES PARTIS dans la Charte, par prudence « du moins ou par crainte, si ce n'est par conviction, » a dit autre part M. de Broglie. Et à ce propos, nous demanderons à M. le ministre : qu'est-ce qu'une société où il y a *des partis*, c'est-à-dire des factions organisées, c'est-à-dire des germes de discorde et de guerre civile? Ensuite, nous lui demanderons comment, par quel art de compression, on peut faire *entrer* ces partis, ces factions dans une Charte? Une Bastille, passe encore, et c'est sans doute cela que M. de Broglie entend par la Charte. Nous lui demanderons encore ce que c'est qu'un état, qu'un gouvernement en proie à la lutte des partis, et qui ne se propose de les dominer par *la crainte* que faute par lui de les savoir subjuguer par *la conviction?* Il ajoute : *la Charte* ÉTABLIT *la liberté politique*. Nous en sommes désespérés pour M. le président, mais une Charte N'ÉTABLIT rien, et *la liberté politique*, qui est tout l'ordre social, moins que tout autre chose. Qu'il nous permette une comparaison familière : Une Charte est comme une carte de restaurant; ce n'est pas ce qu'il y a dessus qu'il importe de savoir pour le convive attiré par la variété des mets succulens qu'elle annonce, c'est ce qui y correspond avec l'effectif du garde-manger. Or, cette liberté politique, que M. de Broglie trouve dans la Charte, ressemble fort à ces cuisines de restaurans, où l'on trouve de tout, hors ce qui est écrit sur leur bilan culinaire.

Une autre erreur grave dans laquelle MM. de Broglie et Persil sont tombés involontairement ou sciemment, erreur qui seule vicie tout l'ensemble de leur préambule, la voici. A les entendre, il n'y aurait d'hostile au régime actuel que deux classes de la société; c'est déjà bien assez, ce me semble, pour jeter quelque doute dans l'opinion de ceux qui, à part ces deux classes, se croient la nation tout entière. Mais allons plus loin, et vous allez voir, Messieurs, tout ce que cet étrange dénombrement a de faux et d'absurde; dépouillons ces deux classes de la société des sobriquets qu'elles ont pris ou qu'on leur a donnés; surtout dépouillons leurs qualifications factices des préjugés vulgaires et des préventions de tout genre dont on les accable ou dont elles s'affublent elles-mêmes à plaisir, et vous allez rester convaincus que ce dénombrement illusoire équivaut à-peu-près à croire trouver une génération à part, entre les hommes de 20 à 40 ans, et ceux de 40 à 60. Prouvons cela :

« Plus de presse républicaine, plus de presse légitimiste! » s'écrie M. Persil; par conséquent, proscription pleine et entière contre ces deux nuances de l'opinion. Soit : nous ne demandons pas mieux, pour notre compte, que de voir disparaître l'esprit de parti du sol français, attendu, selon nous, qu'il ne peut y avoir une société vraie que là où il n'y a point de partis; un état réel que là où il y a société vraie; et un gouvernement effectif que là où il y a un état réel. Et c'est à ce résultat que tendent tous nos efforts, certains que nous sommes qu'on n'y peut arriver que par *la conviction*. Ce n'est pas comme M. de Broglie, qui croit pouvoir s'en passer, et dort, les deux oreilles sur la Charte, accompagnée, il est vrai, de tous les accessoires de son projet de loi, pour constater *la liberté politique établie par la Charte.*

Qu'est-ce que l'on entend par le parti républicain? et qu'est-ce qu'il faut entendre par le parti légitimiste ou carliste, comme on voudra? Ne vous le dissimulez pas, Messieurs, il y a dans ce partage toute la société actuelle et active de la France, à quelque demi-nuance près.

Ce que l'on appelle républicains? Ce sont les hommes de juillet, les partisans de juillet, tous les sectaires des nouvelles idées sociales, dont l'école remonte au philosophisme, au voltairianisme, au libéralisme; toute cette classe, en un mot, imbue de ce principe d'indépendance personnelle à tout prix, qui aspire à modeler l'état social sur l'état de nature.

Cette classe comprend une grande partie de la jeunesse actuelle, de nombreux fragmens de l'âge mur, et même encore beaucoup de vieux fauteurs de révolution; et cette classe, soit qu'elle professe hautement son sentiment, soit qu'elle le garde *in petto*, est, par la nature même de son principe, plus près que tout autre de la sympathie des masses brutes. Essayer de réduire d'un trait de plume toute cette classe à l'état d'inertie complète, après s'en être servi comme de marche-pied pour monter au pouvoir... c'est de la dérision.

Ce que l'on appelle les légitimistes ou les carlistes? C'est toute cette classe d'hommes plus ou moins restés fidèles, ou de cœur, ou de conviction, ou d'habitude au régime social auquel le dernier a succédé. Cette classe, à vrai dire, est toute la société morale et politique de la France. Elle comprend tous les hommes d'ordre et de principes, elle se rattache à tous les souvenirs, à toutes les illustrations de la France. C'est le passé vivant et la monarchie en individualités humaines. Tout ce qui reste encore d'organisation sociale, de consistance politique, de foi religieuse, de mœurs soumises et de sentimens hiérarchiques, quoique rares et disséminés, c'est dans cette classe que tout cela est comme réfugié. Il y a plus, c'est dans les mœurs, dans l'esprit, dans les traditions de cette classe que le nouveau régime social a puisé le peu qu'il possède d'élémens sociaux et d'erremens d'ordre politique; c'est le dogme de son culte civil qu'il a pris pour modèle du sien. C'est enfin, pour ainsi dire, sa contrefaçon qu'il élabore depuis cinq ans, au profit de ses propres privilégiés, et au préjudice de tout le personnel de cette classe. Or c'est cette vitale portion de la société, que messieurs les ministres prétendent pouvoir réduire à l'état d'ilotes passifs. Cela passe la compréhension!

Quoi, Messieurs, de ce que ceux dont vous avez pris le rang, la place et tous les avantages sociaux et politiques, par suite d'un revirement de fortune publique, s'exhalent quelquefois en plaintes, en regrets, en reproches, voire même en malédictions plus ou moins fondées ; parce qu'ils ont des organes *ad hoc* pour plaider leur cause, désespérée ou non, auprès du tribunal de l'avenir, vous voulez leur ôter cette triste consolation, la seule qui leur reste ! vous voulez leur interdire jusqu'au souvenir de leur bien-être évanoui ! vous prétendez accorder leurs soupirs au diapason de vos joies ! Mais c'est de la barbarie, voilà tout ; et même la plus niaise qui soit en politique !

Quoi ! d'un autre côté, parce que ceux qui se sont exposés, sacrifiés pour le triomphe de la cause dont tout le fruit est tombé dans vos mains, se trouvant après leur victoire, un peu moins qu'ils n'étaient auparavant, s'en plaignent quelquefois amèrement, redemandent leurs lauriers imaginaires, et revendiquent leur part dans le butin social qu'ils s'étaient follement promis, vous vous étonnez de leur humeur acariâtre, de leurs dispositions chagrines ! Vous voulez leur interdire jusqu'à d'oiseuses récriminations ! Et parce qu'ils ont aussi quelques organes publics, interprètes de leurs vœux stériles et de leur espoir fantastique, vous méditez de comprimer l'effusion de leur désappointement ! Et cela par la violence, par l'appareil des supplices, des peines infamantes, et par toutes les tortures du silence de la pensée ; mais c'est tenter d'éteindre une incendie avec du vitriol ! Au rebours du poète, nous dirons :

Doit-on assassiner ceux de qui l'on hérite ?

DEUXIÈME LETTRE (1).

La licence de la presse est l'attribut essentiel du système représentatif.

Ce que, dans la langue du jour, on appelle *la liberté de la presse*, n'en est que la licence, comme toutes *les libertés* dont on promet depuis cinquante ans la réalisation en France. Or, il y a entre la licence et la liberté la même différence qu'entre l'anarchie et la société; qu'entre la révolte et la subordination; qu'entre le mal et le bien; qu'entre le vice et la vertu. C'est une erreur de croire que la licence soit l'excès du libre exercice d'un droit ou d'une puissance quelconque, ainsi que l'abus est l'excès de l'usage. Non, la licence n'a rien de commun avec la liberté: l'une vient d'en bas, l'autre d'en haut. L'une est inhérente à l'homme et prend sa source dans les vicieux penchans de sa nature brute, l'autre lui est inculquée par la révélation, par l'inspiration, par l'éducation, par la tradition, par toutes les puissances externes enfin dont le ciel l'environne en naissant, pour féconder, mûrir et développer le germe de son être enveloppé du tissu de la matière. Telle est l'influence de la lumière sur les corps et du soleil sur les plantes; tout le suc que celles-ci reçoivent de la terre ne sert que d'aliment transistoire à l'enveloppe du germe qu'elles recèlent, et ce qu'elles ont reçu de la terre, elles le rendent à la terre. Mais leur floraison, leur maturité, leur fécondité, c'est dans l'air qui les entoure, c'est dans la rosée qu'il leur répartit, c'est dans les feux du soleil qui les pénètre de sa chaleur, qu'elles en puisent le développement; et ce qu'elles reçoivent du ciel, elles le rendent au ciel par leur parfum, par l'éclat de leur couleur et par l'exhalaison de leur substance végétale. Ainsi l'homme, sous la double influence de l'esprit et de la matière, est fécond en toutes les qualités, qui sont l'apanage de son être, quand il répartit un juste tribut de culture à chacune de ces deux essences, comme la plus féconde des plantes l'est en fruits et en parfums, entre les mains du sage cultivateur. Enfoncez-vous dans les vallées désertes, dans les lieux sauvages, impénétrables aux rayons du soleil, rebelles à la culture des hommes, et vous aurez l'image de la licence. Passez de là dans un

(1) Publiée le 9 août dans *la France*.

site où la végétation, docile à la culture, répond à tous les besoins de l'homme, dont la nature est associée à son climat, et vous aurez l'image de la civilisation. Car cet équilibre parfait entre l'influence du ciel et les émanations de la terre, est la vivante emblême de la liberté !

C'est donc la licence et non pas *la liberté de la presse* que l'on a proclamée en juillet comme une des bases du nouveau droit public. Toutes les subtilités du langage, toutes les arguties évasives des organes du ministère ne peuvent point altérer ce fait, dont le témoignage d'ailleurs est catégorique et précis dans l'écrit qui la constate. En vain MM. les ministres allèguent-ils aujourd'hui que cette franchise absolue (la libre émission de ses opinions) est incompatible avec le libre exercice de certains autres droits, ou *l'inviolabilité du roi*; peu importe : tant pis pour la Charte si elle a dit une bêtise; tant pis pour ceux qui la lui ont fait dire en l'adoptant personnellement pour règle de conduite. M. de Broglie a beau dire : « Aujourd'hui la Charte est le lien du pouvoir et le jouet des factions. » Eh! depuis quand ces sortes de compromis politiques entre partis guerroyans ont-ils été autre chose? LIEN n'est pas même le mot : il faudrait dire : La Charte, toute charte est la négation du pouvoir et le sceptre facultatif de tous les partis. De deux choses l'une : ou l'autorité qui l'octroie ou l'impose est assez puissante pour en faire respecter l'exécution, ou ce n'est, de sa part, qu'un simulacre de puissance, une concession déguisée. Dans le premier cas, une charte est inutile; car alors l'autorité n'a pas besoin de disposer les esprits au bien qu'elle veut faire, elle le fait sans préambule oratoire. Dans le second cas, la charte est plus qu'inutile, elle est mortelle à l'autorité qui l'octoie ou se la laisse imposer, car alors, manquant de puissance pour en maintenir la pratique dans son intérêt, ce n'est plus qu'une arme offensive contre elle, à la disposition de toutes les factions; et pour elle, que les fers aux pieds et aux mains. Il semble pourtant que le sort de la restauration, quoiqu'en dise M. le président du conseil, aurait dû le prémunir contre l'indignation qu'il témoigne à voir aujourd'hui *la Charte* être le LIEN *du pouvoir et le jouet des factions*. L'écueil où venait d'échouer un gouvernement dont la racine était profonde dans la conscience publique, dans les mœurs et dans toutes les traditions de l'ordre social en France, aurait dû prémunir le nouveau contre la présomption d'échapper au même écueil, lui dont la racine, à peine en germe, avait pris pied sur un sol mouvant, à travers mille écueils cent fois plus dangereux.

Quoi qu'il en soit, la faute est faite. Il n'y a plus à revenir sur le passé. Il ne s'agit plus que de tirer parti du présent tel quel : mais pour cela, messieurs les députés, tenez-vous bien en garde contre l'appât de nouvelles fautes; car, rien n'est en même temps plus prolifique et plus suborneur qu'une première faute. Dans l'origine, ce n'est, la plupart du temps, qu'une faiblesse ou une inadvertance, et peu-à-peu, de faute en faute, l'erreur d'une première faute en engendre mille, devient successivement illusion, fascination, entêtement, rage, désespoir et suicide. Vous en êtes à ce dernier degré, Messieurs; ce n'est plus un écueil où l'on cherche à vous exposer en butte, c'est un abîme où l'on veut vous jeter. Et dans ce précipice, qu'on recouvre à vos yeux des calculs d'une chimérique urgence, c'est plus qu'un rôle liberticide qu'on prétend vous faire jouer; c'est une ridicule, c'est une odieuse niaiserie dont la loi qu'on vous propose, si vous l'adoptez, couvrira votre législation. Voici comment :

La liberté de la presse, comme on appelle cette flagrante *licence*, est l'attribut essentiel de ce qu'on appelle encore *le gouvernement représentatif*. L'un ne va pas plus sans l'autre, qu'un aveugle sans bâton, ou qu'un voleur sans gendarmes à ses trousses; nous allons vous démontrer cela d'une manière irréfragable. Donc, en l'arrêtant, cette *liberté*; que dis-je? en paralysant, en étouffant jusqu'à la possibilité d'une discussion politique, et en faisant de l'existence d'un journal un problême dont la solution seule est entre les mains de l'autorité qui la surveille, vous annihilez d'un trait de plume, vous démolissez de fond en comble tout cet échafaudage de *gouvernement représentatif* dont vous paraissez encore si fiers, si entichés, permettez-moi le mot. En un mot, vous réalisez la fable de l'ours et son compagnon : vous assommez celui qui vous nourrit en croyant le délivrer de l'insecte importun qui trouble son sommeil.

Qu'est-ce, en effet, que ce prétendu *système représentatif?* C'est la société abandonnée à l'expression libre, individuelle et absolue de tous ses membres, représentée, soit dans leurs rapports entre eux, soit dans leurs rapports collectifs avec l'espèce du gouvernement qui préside à la manifestation de cette expression libre et individuelle par une certaine classe et un certain nombre d'hommes de leur choix. C'est donc une immense erreur que celle de croire que tout le *régime représentatif* ou *constitutionnel* réside uniquement dans ce que l'on appelle, si improprement, la *pondération des trois pouvoirs*, et dans tout le mécanisme des affaires publiques. Non, ce n'est là que l'expression fixe, déterminée et régulière des vœux ou des sentimens individuels de tous les membres de cette bizarre communauté sociale. Et par la seule raison qu'elle est l'expression fixe, déterminée et régulière de tous les vœux ou sentimens individuels de la communauté, cette expression a besoin d'être contrebalancée par une expression libre, absolue et individuelle, sans fixité de droits et de temps où se réfléchissent crûment et naïvement tous les vœux et tous les sentimens de la communauté ainsi constituée, sans quoi cette expression de la société ne serait que celle d'un temps, d'une époque ou d'une classe privilégiée de la communauté, et c'est au jour le jour que vit l'expression sociale sous le *régime constitutionnel*. Or, cette expression libre, absolue, sans fixité de droits et de temps, c'est la presse périodique, ce sont les journaux qui en sont l'âme et l'organe. Par ce moyen, du moins, il y a contre-poids dans l'expression sociale entre celle qui est fixe, déterminée, régulière, et celle qui est *ad libitum*, au gré du caprice et de la fantaisie de chacun des membres de cette communauté. Vous direz à cela qu'un pareil état social ressemble beaucoup à un état sauvage; mais ce n'en est pas moins l'état en vogue de nos jours, et sous lequel nous nous faisons gloire de vivre à l'instar des Anglais qui l'ont inventé.

M. de Broglie a donc proféré, passez-moi le mot, une grosse absurdité, en disant : *La presse, Messieurs, ne saurait avoir plus de droits que cette tribune!* Eh! mais, est-ce qu'elle en a la cent millième partie des *droits de cette tribune?* Elle n'en a qu'un droit : c'est celui de penser tout haut, de dire tout ce qu'elle pense, et de le dire à ses seuls risques et périls. Est-ce que c'est là un droit? Non, c'est l'abscence de tout droit, c'est la *licence*. Et pourquoi cette *licence* lui est-elle laissée pleine et entière, sans aucune restriction que celle des lois répressives en cas de trop grands écarts de sa part? Précisément parce que tous les droits sont du côté de *cette tribune;* parce que c'est *cette tribune* qui fait les lois, qui en surveille l'exécution, qui domine et règle l'exercice du pouvoir; parce que c'est *cette tribune* par où l'on arrive à tous les honneurs à tous les emplois; parce que c'est *cette tribune* où la parole a le plus de retentissement, la pensée le plus de poids et l'individualité le plus d'importance? Voilà pourquoi il est absurde de dire que *la presse ne saurait avoir plus de droits que la tribune* parlementaire, entendant par *droits* la faculté d'émettre toutes espèce d'opinion, c'est-à-dire la *liberté* de tout dire, c'est-à-dire la *licence* d'écrire.

Maintenant nous allons prouver comment cette *licence*, quelque effrenée qu'elle soit, est la sauve-garde du *régime constitutionnel*, en même temps et par la raison qu'elle en est la première condition d'existence. Sous le rapport moral, et dans son action sur l'esprit de la communauté, qu'est-ce que le *régime constitutionnel*, ou *représentation nationale*? pesez bien cette définition, Messieurs : Ce n'est qu'une ébauche sociale où rien n'est lié, où tout est indiqué, à laquelle la fusion des couleurs manque, à plus forte raison, la dernière touche et le vernis; en un mot, sans le cadre qui l'entoure on saurait à peine si c'est un tableau, et même en le sachant, c'est tout ce qu'on veut qu'il représente, ce tableau. Telle est l'image fidèle du représentatif, comme l'Angleterre l'a conçu et perfectionné; et tel que le philosophisme de Montesquieu et de Rousseau l'ont mis en faveur parmi nous. C'est donc l'*esprit de parti* qui fait la base fondamentale du régime constitutionnel ou représentatif, et le système de bascule entre les divers *partis* existans, qui fait la force d'un gouvernement représentatif. C'est l'orgueil individuel qui en est l'âme, c'est la haine réciproque qui en est le principe, et l'égoïsme, ou personnel, ou de famille, ou de corporation, ou de cité, ou de province, ou de pays, ou de nation qui en est l'unique lien social. Voir l'Angleterre, dont la France n'est encore que l'imparfaite émule. Or, pour entretenir dans l'esprit public ces dispositions morales; pour y féconder ces haines, ces jalousies, ces orgueils de parti; pour y fomenter ces ambitions rivales, ces antipathies de castes, où se recrute continuellement cette oligarchie flottante dont le sceptre passe tour-à-tour des tories aux whigs et des whigs aux tories, sans compter les mille et une nuances d'opinions opposées qui séparent ces deux factions extrêmes; pour servir de levain à cette fermentation sociale, constitutive du régime représentatif, quoi de plus propice que cette licence inflammatoire qu'on appelle *liberté de la presse?*

En second lieu, dans ce conflit d'amours-propres en jeu et d'ambitions en mouvement, pour en rendre le choc moins dangereux et l'irritation moins concentrée sur un point ou sur un autre, quoi de plus favorable que cette faculté de fulminer tout haut sa colère, son ressentiment? Que ce privilége *ad libitum* d'exhaler en paroles perdues un secret besoin et peut-être un projet d'acte criminel! Sous ce point de vue donc, cette licence de tout dire, ce congé de tout écrire, est un écoulement aux humeurs du corp social, en proie au *régime constitutionnel*, sans lequel il mourrait d'une apoplexie d'égoïsme ou d'une hydropisie d'orgueil, au premier triomphe d'un parti sur l'autre. Il faut donc deux sortes d'épanchement moral aux peuples condamnés à ce régime social : l'un régulier, prévu, déterminé par la voie de l'élection, par l'organe de la tribune parlementaire et par les revirémens de ministères; l'autre irrégulier, fantasque, effréné, par l'intermédiaire du journalisme, des caricatures, des assemblées populaires, des émeutes, des carreaux cassés, de la boue et des pierres, des huées publiques et de toutes les manifestations enfin dont le champ est laissé libre, absolument libre au parti vaincu; c'est bien le moins. Voilà l'organisation (si organisation il y a) du *gouvernement représentatif:* ne vouloir pas tout cela, c'est ne pas vouloir du *gouvernement représentatif*, comme ne pas aimer à être coudoyé dans la foule, c'est n'aimer pas la foule.

Voulez-vous, Messieurs, la preuve que c'est bien tout cela que l'on a dit vouloir en 1830 : reportez vos esprits à cette époque, et il vous sera impossible de nier que ce soit bien tout cela que l'on a consacré, que l'on a promis de maintenir, et que l'on s'est obligé à reconnaître, comme condition *sine quâ non* du nouveau régime que l'on glorifie sous le nom de *liberté.*

Lisez toute la Charte : et toute la Charte, article par article, vous dira : Oui, c'est bien cela! Entre autres, ceci : *La censure ne sera jamais rétablie.* Que veut dire cette prescription absolue? Cette phrase implique nettement et clairement cette idée, qu'aucune entrave quelconque, aucun obstacle, de quelque nature qu'il soit, ne sera désormais apporté à la libre manifestation de ses opinions politiques, PAS MÊME LA CENSURE qui est le moindre des empêchemens; qui même, sous un point de vue, est protectrice de la presse et plutôt une sage mesure préventive qu'une coërcition directe à l'égard de ses prérogatives. En effet, *la censure* n'impose qu'une certaine retenue dans l'expression de la pensée, retenue dont l'écrivain n'est pas même comptable envers l'autorité, tandis que le sévice après coup est un piége tendu, non-seulement à la prérogative de la presse, mais encore un attentat à la propriété.

Mais enfin, vous dit-on, Messieurs : « Oui, c'est vrai : nous avons « trop promis ; nous nous sommes trompés : ce que nous prenions « pour de la liberté, c'est de la licence ! Ce que nous croyions une « conquête est un fléau ! Toujours est-il vrai qu'à présent nous déclarons comme incompatible avec la sûreté de l'état et le retour de « l'ordre social, *la liberté* absolue de *la presse*, et n'osant pas *rétablir* « *la censure*, attendu que *la Charte* nous l'interdit *textuellement*; « ne pouvant pas *le moins*, nous *tenterons le plus*; nous rendrons « le journalisme *impossible*, au moins pour certaines nuances de « parti ! » Voilà, Messieurs, toute la substance des discours de MM. de Broglie et Persil. Nous examinerons dans la lettre suivante les chances de cette *impossibilité* par les voies que l'on vous propose d'adopter. Nous prions le lecteur de ne perdre de vue rien de ce que nous venons d'établir dans cette lettre, ainsi que ce que nous avons dit dans la précédente, car la prochaine en sera la conséquence nécessaire : elle fera voir que *la presse*, en France, ne peut jamais être sur le même pied qu'en Angleterre, sous peine d'y engendrer, d'y fomenter ou d'y entretenir la haine des partis, le désaccord social, l'anarchie et la guerre civile. Attendu que l'esprit français est à l'extrême opposé du caractère anglais ; la sociabilité est le trait distinctif de l'un, tandis que l'excentricité sociale est le cachet de l'autre. *La licence* est l'élément de celui-ci que son sang-froid préserve d'en étendre les excès au-delà de sa propre sphère ; tandis que *la liberté* est l'élément du Français pour qui *la licence* est sans bornes au-delà même de son propre usage.

Toute la question, objet de ce discours, est donc de savoir par quels moyens faire rentrer *la licence de la presse*, proclamée, consacrée en juillet comme base fondammentale du régime dit *constitutionnel*, dans les limites d'une sage *liberté*. Or, c'est ce que nous déduirons plus clair que le jour, sans escobarderie de raisonnemens, et sans plus prêcher l'anarchie qu'invoquer le despotisme.

LETTRE TROISIÈME (1).

La presse ne peut subsister, ni telle qu'elle est, ni telle qu'on se propose de la modifier, parce que la licence modifiée c'est toujours *la licence*.

Ainsi que nous l'avons démontré dans la précédente lettre, c'est la licence et non pas la liberté de la presse qui est l'attribut constitutif du régime représentatif; c'est la licence, non pas la liberté de la presse, qui a été consacrée en juillet; car la faculté de tout faire ou de tout dire, sauf ce que la répression punit, c'est la licence. La liberté est essentiellement de nature préventive, en ce qu'elle est dans toute chose la juste répartition d'indépendance proportionnelle nécessaire au maintien de l'équilibre entre tous les organes d'un corps quelconque. Dans le corps humain, par exemple, cet équilibre engendre la santé; dans le corps social, c'est la liberté; la licence, au contraire, est le fruit et l'indice de l'anarchie dans le corps social, comme la maladie est le fruit et l'indice de l'intempérance dans le corps humain.

Or, soit erreur, soit calcul, quand on a dit en juillet, quand on a écrit dans la Charte: *La censure ne sera jamais rétablie*, on a sciemment ou involontairement proclamé la licence de la presse, et l'on a pu le faire involontairement, entraîné qu'on était alors dans cette erreur par l'exemple de l'Angleterre, où toutes les licences s'appellent des libertés. La licence est là le génie et le besoin du peuple, et tout peuple demande à être gouverné selon la nature de ses penchans naturels. Mais en France, l'esprit est différent: c'est la liberté qu'on veut, non cette liberté qui s'en va criant sur les toits, dans les carrefours et à travers les dégâts et les ruines: Je suis la liberté! mais celle qui, sans bruit, fait à chacun, dans l'ordre social, sa part de devoirs, de droits et d'indépendance, sans que rien, ni personne, ait le pouvoir de le troubler dans l'exercice de son obéissance et de sa suprématie relative. Le Français aime à savoir en tout jusqu'où il peut aller, ne fût-ce que pour s'éviter la peine et l'obligation de chercher lui-même la limite ou l'étendue de sa sphère individuelle.

(1) Publiée le 11 août dans *la France*.

Ce fut donc une faute grave en juillet que de permettre droit de bourgeoisie dans nos mœurs à la plus dangereuse de toutes les licences, sous le prétexte que chez un peuple voisin elle était le nerf de la vie publique. Mais enfin cette faute a été faite, et quelque désastreux que soient les fruits qu'elle a portés, il ne s'agit pas de couper l'arbre par sa racine, sous prétexte que parmi ces fruits les mauvais l'emportent sur les bons; il faut l'émonder, cet arbre, consacrer à sa culture des soins particuliers, l'enter d'un principe générateur au lieu de l'abandonner à sa sève vagabonde et sauvage; il faut en un mot changer la licence en liberté. Et quand nous disons : il faut, ce n'est pas seulement un parti facultatif que nous signalons à votre attention, c'est une impérieuse urgence, à laquelle il n'y a pas de moyen terme; voici en quoi :

Toute puissance sociale, c'est-à-dire toute faculté humaine, ou physique, ou morale, susceptible d'organisation collective et de synthèse numérique, aussitôt qu'elle s'est ancrée dans les mœurs, n'en peut plus être déracinée sans danger.

Toute puissance sociale, ainsi définie, aussitôt qu'elle s'est sentie ou s'est montrée assez forte pour contrebalancer l'action de l'état, et pour lui résister impunément, demande dès-lors à faire partie de l'état; car l'état n'est que la réunion de toutes les puissances sociales dans un foyer d'action morale, comme l'action de la loupe résulte de tous les rayons de la lumière dont elle est la concentration physique.

Toute puissance sociale à l'action de laquelle a une fois succombé l'état dans sa lutte avec elle, fait de droit partie fondamentale de l'état ou paralyse entièrement son action, si celui-ci lui refuse accès dans l'exercice de son pouvoir.

Appliquez maintenant, messieurs, ces principes généraux au cas spécial de la question qui vous occupe, et vous aurez fait un pas immense vers sa solution. La presse, la presse périodique s'entend, le journalisme enfin, puisqu'il faut l'appeler par son nom, est devenu de nos jours une telle puissance sociale, qu'aucun autre n'est capable de lui tenir tête, pas même celle de l'état avec tout l'appareil de ses forces préventives, répressives et coërcitives. Il en peut comprimer un instant l'action partielle ou ostensible, mais alors sa puissance n'en est que plus dangereuse, centuplée qu'elle est par l'effort de la compression.

Cette puissance a senti sa force; elle l'a montrée dans sa longue lutte avec l'état, sous le régime passé; et les débris du passé, auautant que la pénible édification du présent prouvent ce que sa force peut. J'en analyserai tous les élémens dans un article à part. Inutile d'entrer ici dans le champ des récriminations réciproques de parti à parti, ni dans le dédale des reproches d'époque à époque : c'est la cause, et non l'effet; c'est l'usage, et non l'abus; c'est enfin la chose en elle-même et non les intérêts qui s'y rattachent qu'il faut examiner ici.

Cette puissance donc, qui pendant quinze ans, a poussé de telles racines dans les mœurs, qu'elle en est devenue un des premiers besoins, comme nous le déduirons plus tard ; cette puissance inculte, sauvage, rebelle même à tout intérêt de civilisation qui, dans son seul instinct, a puisé le sentiment de sa supériorité jusqu'à braver, baffouer et anéantir toute l'organisation sociale dans son état le plus compact et le plus florissant ; cette puissance aujourd'hui dominatrice et tyran des mœurs, cette puissance, arbitre et boussole de la conviction rationnelle au même degré que l'était jadis la foi de nos pères, sur la conviction féale (celle du cœur et de l'affection) ; cette puissance enfin, sans l'appui de laquelle il n'y a plus en France de régne praticable et de gouvernement possible ; c'est celle-là, messieurs, qu'on croit pouvoir effacer, d'un trait de plume, du catalogue des droits et des intérêts sociaux ! c'est celle-là qu'on vous propose d'envoyer aux gémonies ! c'est celle-là qu'on ne craint pas de flétrir et de dégrader, en lui imputant la complicité directe ou indirecte d'un crime qui lui est évidemment étranger ! c'est celle-là, enfin qu'on cherche à déshonorer, en l'attaquant et la poursuivant de front avec un misérable assassin ! Réfléchissez-y bien, messieurs, il y a là tous les élémens d'un volcan.

La question, je le répète, est de savoir comment réduire à l'état de liberté une puissance sociale, jusqu'à présent sauvage, inculte, et par conséquent accoutumée à l'état de licence. Comment, après s'être solennellement engagé soi-même à la laisser éternellement dans cet état de licence, état originaire de toutes les puissances humainnes, individuelles ou collectives ; comment, après cinq ans d'épreuves, revenir sur sa promesse, sans autres griefs que ceux sur la nature desquels on a soi-même non-seulement passé l'éponge de l'indulgence, mais encore le plus brillant vernis de gloire et d'immortalité !

Eh bien ! Messieurs, quelque difficile, quelqu'impossible que paraisse la solution de ce problême, ainsi franchement posé, le cours de cette démonstration vous prouvera que rien n'est plus aisé. Mais, avant d'en venir à ce point, il est essentiel de vous convaincre que de tous les moyens à employer pour arriver à ce but, la voie qu'on vous suggère est la plus propre à produire un effet tout contraire.

En effet, que vous propose-t-on ? d'anéantir la presse périodique, ou, ce qui revient au même, de *la rendre impossible* ; ce sont les propres paroles d'un des rapporteurs du projet de loi en question ; et vainement, en disant cela, n'a-t-il annoncé vouloir la rendre impossible qu'envers et contre deux nuances de parti. Il est bien évident que, d'après la teneur et les dispositions de cet ostracisme littéraire, toute la presse est à la merci des caprices du pouvoir, lequel, en cas qu'il vienne par hasard à changer de mains, comme cela s'est vu plus d'une fois, pourra, muni de cette massue, assommer dans six mois ou un an les mêmes organes qu'il choie aujourd'hui *et vice versâ*.

Mais ce n'est rien encore que cette ridicule prétention d'anéantir ainsi la première de toutes les puissances sociales du jour. Remarquez, Messieurs, cet autre trait de folie : C'est, vous dit-on, pour remédier à la licence de la presse qu'on vous propose ce projet de loi (je vais au fond des choses sans m'arrêter aux dénominations qu'on leur donne); et de quoi est-il question dans ce projet de loi? il n'est question que d'une chose, d'une seule chose, et cette seule chose est l'inviolabilité du principe et du chef de l'état. Sans doute, c'est une considération majeure, mais est-ce la seule dans l'état par où la société ait à gémir de la licence de la presse? Je dirai, moi, que c'est la dernière à laquelle il eût fallu songer, en ce sens, qu'étant la conséquence, elle marche forcément à la suite de toutes les autres; car l'état et son chef ont, à tout événement, assez de quoi se rendre inviolables de fait, sans aspirer encore au respect du silence, tandis que les autres considérations sociales n'ont que les mœurs, que la religion, que la tradition des devoirs, que l'exemple des vertus, que le crédit des bonnes manières, que la conscience publique, en un mot, pour obtenir le respect du peuple. Y a-t-il un de ces intérêts primordiaux pris en considération dans le projet de loi? Non! il n'y a pas même la velléité d'une pensée relative à aucun d'eux. Cependant, c'est par le manque de tout cela que croule l'édifice social! Rétablissez tout cela, rétablissez-en une partie seulement, et le respect du souverain s'en suivra naturellement, et personne ne songera plus à attaquer, encore moins à révoquer en doute le principe de son gouvernement; car alors son action tutélaire sera sentie dans toutes les parties de l'organisation sociale où il pourra se rire alors de tous les droits qu'on lui conteste, comme on répond en marchant à ceux qui nient le mouvement.

Selon le projet de loi, ce n'est donc que sur un point seul qu'on vous propose de mettre un frein à la licence de la presse : ordonnez le respect (comme si le respect de bon aloi se commandait); ordonnez, dis-je, le respect, c'est-à-dire le silence envers le principe de l'état et la personne de son chef, et carte blanche sur tout le reste à la licence de la presse : c'est-à-dire de la liberté nulle part, et le despotisme le plus rigoureux sur un point. Car, d'une part, partout où il y a licence il n'y a pas de liberté possible; et, de l'autre, partout où il y a rigueur exceptionnelle il y a despotisme; mais, vous dira-t-on, la loi n'est jamais despotisme, car la loi est toujours une généralité et n'est jamais exceptionnelle. — Oui, Messieurs, quand c'est une loi que la loi; et je nie que la mesure qu'on vous propose ait aucun des traits qui caractérisent la loi ou même une loi. Il ne suffit pas d'écrire sur un bocal vide ou sur une cruche d'huile : essence de rose, pour que le contenu du vase réponde à son étiquette ; de même il ne suffit pas de dire : ceci est une loi, un projet de loi, pour qu'il s'en suive une loi. Non, Messieurs ; la loi, comme je vous l'ai dit plus haut, est l'esprit dont les mœurs sont la lettre. La loi est la consécration authentique de ce qui est écrit dans les mœurs, et il n'y a pas de loi possible dans un thème dont le sujet n'est pas une habitude sociale constatée; à plus forte raison cela ne peut-il jamais être une loi, qui froisse, qui heurte une habitude sociale dégénérée en besoin de première nécessité. Or, la presse périodique est cette habitude sociale dégénérée en besoin parmi nous ; et le projet de loi, non seulement la froisse, non seulement la heurte, mais encore menace d'en anéantir l'aliment essentiel.

QUATRIÈME LETTRE (1).

Comment la presse est devenue puissance sociale en France et comment elle est maintenant un des premiers besoins de nos mœurs.

Tout se tient, tout s'enchaîne dans un état comme dans l'organisation du corps humain. Le train des mœurs d'un peuple subit à la longue autant d'altérations que l'âge, les habitudes et le physique de l'homme en apportent à sa vie privée. La société en France s'est formée, s'est développée sous les auspices de la foi, telle que la religion chrétienne l'a faite, et telle que l'église apostolique et romaine l'a invariablement réglée et constament maintenue. Nos mœurs, nos habitudes sociales, jusqu'à nos penchans naturels et nos goûts, notre langage même, et tout ce qui s'appelle la vie, chez l'homme comme chez les peuples, porte chez nous l'empreinte de ce principe régénérateur, source unique de toutes les lumières et de toutes les vertus qui ont élevé si haut la civilisation de la France. La religion a donc été l'âme et la boussole de nos mœurs pendant tout le temps que la monarchie en a été l'expression sociale ; par conséquent, c'est sous la direction et la tutelle des ministre de la religion, que notre éducation politique a pris tout son développement. Pendant quatorze cents ans, la France a prospéré sous la double influence du catholicisme et de la monarchie, quand tout-à-coup l'orgueil et le respect humain, s'emparant de ses destinées, elle a voulu se reposer de sa grandeur dans les jouissances de la vie matérielle et sensuelle. Lors, le philosophisme du dix-huitième siècle, paré des faux dehors de la raison, armé de sa captieuse dialectique, apparut pour battre en brèche ce beau système social, qui semblait être dans la voie de réaliser sur terre cette grande communauté spirituelle, consacrée sous le nom de royaume des cieux. Il fit pleuvoir un déluge de livres où le sophisme se couvrit du manteau de la science, où le mensonge et l'erreur se revêtirent de tout le prestige de l'esprit. Il sembla, par sa nouveauté seule, avoir ouvert une carrière nouvelle à la destinée des peuples. C'en était une nouvelle, en effet, que celles qui substituait la pensée au sentiment, à la réflexion à la

(1) Publié le 12 août dans *la France*.

conscience, l'esprit à l'âme et l'opinion à la foi; que celle qui, au lieu de faire résider le principe de la communauté dans l'obéissance sociale, rapportée à des intérêts d'un bien-être éternel et sur-humain, le faisait uniquement consister dans une soumission rationnelle, subordonnée aux intérêts actuels et privés de chacun des membres de la communauté. Mais cette nouvelle carrière était celle de la dégradation politique. Toutefois, sa nouveauté et les brillans dehors dont sa doctrine perverse eut l'art de se parer, parvinrent promptement à faire, dans l'esprit de la multitude, prévaloir son évangile sur celui de la rédemption universelle. Le vulgaire se prit à croire que les dons de l'esprit étaient plus également répartis parmi les hommes que les qualités de l'âme; et le fol espoir lui vint d'avoir une plus grande et meilleure part dans le classement des conditions de la vie sociale, sous l'influence d'un principe dont l'esprit était la source, que sous le régime d'un principe dont l'âme était le foyer commun. Et peu à peu le philosophisme supplanta dans son cœur les erremens de la religion. C'est alors que la presse, organe de ce nouveau culte, commença à devenir l'oracle et la règle de nos mœurs. Mais qu'arriva-t-il à la suite de cette idolâtrie pour la parole écrite? C'est que le vulgaire trouva dans la répartition des avantages de l'esprit un million, cent millions de fois plus d'inégalités humaines, que dans la répartition des attributs de l'âme; et qu'après avoir secoué le saint joug des lumières pratiques que la religion lui avait inculquées, force lui fut de subir le joug hypocrite de toutes les rêveries humaines dont sa simplicité ne lui permettait pas d'apercevoir le piége. Force fut en conséquence à la religion de céder son empire au philosophisme; au prêtre, d'abandonner sa chaire à la tribune de l'écrivain; et à la prédication évangélique, de faire place au professorat de la presse. Une fois l'impulsion donnée, il ne fut plus possible d'arrêter le torrent dans sa course; et son flux débordé engloutit tout dans son élan corrupteur.

Partout la foi fut ébranlée : croire à quoique ce soit, et en quoique ce soit, devint une honte et publique et privée. Et à force de chercher le positif de toute chose, il n'y eut plus rien de reconnu pour tel. Aux témoignages de la conviction intime succédèrent les doutes de la conviction externe. Tout le monde préférant les suggestions fallacieuses de l'esprit d'autrui à l'exercice austère de son propre arbitre dans l'évaluation des devoirs et des droits personnels ou collectifs, le peuple passa des mains du clergé dans les mains du journalisme. C'est là ce que voulait la secte écrivassière qui pour devise avait pris ces mots : « Ecrasons l'infame! » Ils voulaient régenter le monde sous le prétexte de l'éclairer; et quand Beaumarchais le cynique eut l'impudence de figurer, en guise de girouette, dans son habitation du boulevard Saint-Antoine, une sphère surmontée d'une plume d'or, tournant à tous les vents, il ne se doutait pas encore que cette insolente allégorie était de l'histoire précoce. Jadis, c'était la croix signe de rédemption, qui dominait le monde; maintenant c'est le symbole de notre légèreté et la source de toutes les corruptions, une plume, qui est la boussole et le signe caractéristique de notre époque.

Quoi qu'il en soit, ainsi l'a voulu Dieu, puisque cela est; et cela étant, il ne s'agit plus d'en déplorer le malheur, il faut en tirer le meilleur parti possible. Entre autres graves inconvéniens qu'a dû nécessairement produire cette décentralisation de conscience sociale et cette *individualisation* de l'esprit public, il faut mettre en tête la difficulté ou plutôt l'impossibilité d'une éducation politique, au milieu du conflit de toutes ces controverses de pensée ou de conduite auxquelles est maintenant en proie, parmi nous, la religion de l'homme social. J'entends par éducation politique cette pensée collective inculquée dès l'enfance à tous les hommes nés sous le même principe de civilisation, et dont le développement s'accroît pour tous et chez tous, des mêmes traditions, des mêmes erremens, des mêmes habitudes ou morales ou physiques, constitutives et institutives de ce qu'on appelle le caractère national, dont l'expression est dans les mœurs d'un pays. Le germe et le principe de cette homogénéité n'existent donc plus; et la conscience publique étant abandonnée à tous les écarts de la conscience privée, il reste nécessairement dans les mœurs un besoin de tous les jours, et aussi divers qu'il y a de passions individuelles, c'est de se choisir soi-même un guide ou de conscience ou d'opinion sur toutes choses, parmi les organes de la presse qui s'offrent en cette qualité aux indécisions de la morale publique et à l'oisive crédulité de la multitude. Car ce mode d'impulsions *ad libitum* et de direction journalières par la voix de la presse périodique, a encore cet autre inconvénient, qu'il rend l'esprit de chacun tellement paresseux et le jugement privé tellement timide, que c'est à peine aujourd'hui si l'on ose, sur quelque matière que ce soit, se former une opinion particulière avant d'avoir consulté son journal habituel. C'est tout simple : la conscience est comme tous les autres organes de notre constitution physique ou morale : elle s'accroît par l'exercice, se développe par l'usage et dépérit faute de culture ou d'aliment. Or, le siége de la conscience est dans l'âme, et l'unique culture de l'âme est dans l'exercice de la foi dont la religion est le principe générateur.

A plus forte raison, l'esprit dont le siége est dans nos sensations et dont la faculté ne s'exerce que sur les rapports de notre être avec tout ce qui l'entoure, quand une fois il s'est habitué à trouver, tout faits, les jugemens dont il a besoin pour se gouverner, est-il d'autant plus passif et plus craintif qu'il est moins dans la nécessité de travailler lui-même à ses propres convictions.

Tel est enfin le degré d'esclavage moral dans lequel sont tombées nos mœurs à l'égard de la presse en général et de la presse périodique en particulier, qu'il est aujourd'hui plus concevable que la

France, et Paris surtout, puisque rester quatre jours sans manger que deux jours sans journaux; et que la multitude est plus aveuglément enclin à croire ce qui est imprimé dans un journal accrédité près d'elle, qu'elle ne l'a jamais été à croire les plus saints dogmes de notre antique religion. C'est plus qu'un acte de foi qu'on fait en disant : *Je l'ai lu dans le journal!* c'est une preuve matérielle et positive. J'en prends à témoin ce que dit aujourd'hui sur ce sujet, et avec autant d'à-propos que de justesse, un journal qui pourtant n'est pas toujours très-orthodoxe.

« Sans doute, pour les hommes les plus éclairés, et surtout pour ceux qui se rapprochent du point où l'on voit les fils qui font mouvoir le journalisme, cette machine locomotive de la pensée humaine, la presse n'est pas une autorité infaillible placée au-dessus de tout examen ; son influence même a beaucoup diminué, il faut le reconnaître. Mais l'immense majorité des lecteurs est encore à l'*état de foi*, en ce qui concerne le culte du papier timbré et de la lettre moulée. D'infatigables crédulités se sont réfugiées là. Or, c'est sur cette masse non encore émancipée que les habiles de la presse *politique, commerciale et littéraire*, opèrent comme sur une gent *taillable et corvéable à merci.* »

La cause de ce besoin d'organes publics, préposés d'office à la direction des esprits du vulgaire, s'explique encore par la multitude des éventualités sans nombre, dans la sphère desquelles nous nous sentons placés. Tout demande une explication, un commentaire, par le temps où nous vivons; c'est tout au plus si le jour qui passe est assuré de faire planche au lendemain; c'est tout au plus si l'événement dont la trace est inscrustée jusque dans le fond de notre existence à tous, est assuré d'y faire une impression homogène et de n'y pas causer autant de manières de l'envisager qu'il y a parmi nous de passions intéressées à l'interpréter différemment.

L'anarchie est jusque dans la loi, la division jusque dans le principe social, la discorde jusque dans les élémens de l'ordre politique; l'insubordination est dans tous les cœurs, le despotisme dans toutes les têtes; nul ne veut ce qu'il demande; tous décrient ce qu'ils désirent, et cependant chacun cherche avec plus au moins de bonne foi ce que, sans le savoir, il craint de rencontrer; car c'est déjà la moitié du chemin qui mène à la vérité que le sincère desir et la ferme volonté de la trouver.

C'est ainsi que la presse a remplacé en France l'ascendant que la religion y exerçait autrefois; sont culte y est d'autant plus absolu que c'est au jour le jour qu'il use de son empire sur la croyance du peuple, et que c'est sur la division des esprits que se fonde son autorité.

Maintenant, si l'on rapporte ce que j'ai dit précédemment de la

(*Le Moniteur du Commerce*).

nécessité où se trouve le système représentatif d'encourager la licence de la presse pour tenir en haleine les factions et les partis, dont l'accord apparent est l'objet de son institution, il sera facile de concevoir comment la presse, une fois devenue puissance sociale en France, est arrivée à cet état d'indiscipline et d'irritation morales auquel on cherche à présent un remède. Cela tient à la nature du caractere français, extrême et passionné dans tout. Et tellement *la licence de la presse* est l'attribut essentiel du gouvernement représentatif, que de l'obligation où l'on est actuellement d'en réprimer les excès, il faut conclure, à part toutes les autres preuves que nous en donnons chaque jour, que ce mode d'existence sociale est incompatible avec l'esprit français. Car le représentatif, qu'est-ce au fond? c'est l'accord et la régularisation de toutes les licences dont celle de la presse est l'expression brute. En Angleterre, toute anomalie sociale est sur son terrain; elle y a pris racine de longue date, et la société, comme la langue du pays, y est destinée à vieillir dans les langes de sa première formation.

Mais en France, où la synthèse et la fusion sociales sont l'unique but de toute chose, ce laisser-faire et ce laisser-aller politiques sont désastreux. C'est peu qu'une faculté humaine y arrive au degré de force collective qui constitue la toute puissance sociale: il faut que cette puissance y trouve encore et promptement sa place marquée dans l'agencement de toutes les autres, sous peine de rester constamment un obstacle à la tranquillité publique. Aucune puissance sociale ne peut rester neutre soit à l'égard de l'état, soit à l'égard de la société; il faut qu'elle y concourre à la prospérité de l'un et de l'autre, ou qu'elle les détruise l'un après l'autre. Voilà ce qui, jusqu'à présent, est arrivé à la presse en France: Elle n'a encore été qu'un *dissolvant* universel (comme l'appellent aujourd'hui ses plus outrés fanatiques d'autrefois); elle n'a encore servi que d'arme offensive à tous les partis envers et contre le gouvernement qu'ils voulaient successivement abattre et détruire! Et chaque parti, aussitôt qu'il a triomphé de ses compétiteurs, a follement entrepris d'abattre et de détruire la puissance de la presse, au lieu de savoir s'en faire une alliée! on parle de la monarchie! En quoi surtout elle excelle, cette puissante synthèse politique, c'est qu'il entre dans le génie de son principe d'associer à son mouvement social et à son action publique, toute force ou singulière ou collective, dès que se développe en elle le germe d'une puissance sociale. C'est de la sorte que, sous son influence tutélaire, toutes nos institutions se sont formées avec le temps. C'est par-là que nos rois et leurs conseillers se sont de tout temps montrés si grands hommes d'état. Qu'étaient, en effet, dans leur origine, nos plus grandes, nos plus puissantes institutions? De simples facultés humaines, individuelles et isolées, inconnues à l'époque contemporaine de leur première manifestation; par conséquent étrangères aux mœurs de leur premier âge, quelquefois rejetées par elles d'abord, souvent lentes à s'y faire une place, et presque toujours plus ou moins adverses à l'action actuelle de l'état. Mais, peu à peu, au fur et à mesure que ces facultés se développaient, prenaient de la consistance, s'aglomeraient entre'elles; les mœurs s'y familiarisaient, l'esprit public s'y ralliait; et long-temps avant qu'elles en fussent devenues une force collective, par conséquent une puissance sociale, l'état, le gouvernement, le roi s'en était déjà emparé pour en faire un ressort de plus à la grande action du mécanisme social. C'est ainsi que la noblesse, par sa valeur et son abnégation personnelles, a été instituée le rempart du trône; ainsi, que le clergé, par ces vertus et ses lumières, a été institué le foyer générateur de notre civilisation; ainsi, que les parlemens, par l'étude des lois, par la pratique de l'équité sociale, ont été institués les organes de la justice et les remparts du tiers-états; ainsi, qu'après l'affranchissement des communes, les corporations urbaines, la bourgeoisie, l'autorité municipale, la classification de tout l'ordre social enfin, sont devenus autant d'institutions fondamentales du grand cercle de la communauté constitutive du royaume de France.

Je démontrerai dans la lettre suivante que la presse n'est une puissance dévastatrice, un dissolvant social, un germe de discorde, que parce qu'elle est dans un état d'isolement et d'abandon par rapport à l'état et à la société. J'indiquerai les moyens de l'en tirer, en prouvant que comme toutes les puissances intellectuelles dont la société s'est successivement enrichie, elle demande à être annoblie, organisée, civilisée et relevée de l'abjection dans laquelle elle est elle-même encline à tomber. Qu'enfin le plus sûr moyen de perpétuer ses écarts et d'aggraver ses torts, c'est de l'avilir, de la dégrader et de la brutaliser comme se propose de le faire la loi actuellement en délibération.

CINQUIÈME LETTRE (1).

La presse périodique érigée en une institution : Voilà l'unique remède possible à ses abus.

Plus la discussion sur ce grave sujet se prolonge, plus le terme de sa clôture approche, et moins on y voit apparaître un avis lucide puisé dans la nature même du grand intérêt qu'elle est appelée à servir. On dirait qu'il fait nuit pour vous en plein jour, Messieurs les députés, et que parmi vous ce soit un jeu de Colin-Maillard que la confection de ce que vous êtes convenu d'appeler des lois. Encore, devrions-nous, forcés que nous sommes de vous regarder faire, être en droit, dans votre propre intérêt, de vous crier : « Casse-cou ! » En vous voyant ainsi vous précipiter la tête la première dans un abîme sans fond, ou vous bossuer le front contre un mur plus haut que vous tous, quand vous vous mettriez les uns au-dessus des autres. « Mort à la presse ! mort aux journaux ! » vous dit-on : voilà le remède à l'anarchie morale dont le fléau ravage l'état, comme le choléra, la population. Encore une fois on vous trompe : ni le mal, ni le remède ne sont où l'on vous les indique. Le mal est dans les mœurs dont aucun de vous ne s'occupe ; et le seul remède à ce mal est dans cet élément même, contre lequel vous vous armez de toutes les rigueurs de la répression.

Oui, la presse, et la presse périodique encore, est seule, de nos jours, capable d'opposer une digue salutaire au dévergondage de l'esprit public et des mœurs. Mais pour cela que faut-il? faire de la presse périodique une institution sociale. Faire de l'écrivain politique un personnage dans l'état, et de cette carrière une profession honorable, ayant ses droits, ses privilèges à part, ses devoirs marqués, ses attributions distinctes et sa discipline spéciale, à l'instar de toutes les autres professions honorables, que leur organisation tutélaire a mis au rang des puissances de la société. Voilà le seul re-

(1) Publiée le 18 août dans *la France*.

mède aux abus de la presse. N'en cherchez pas d'autres, il n'y en a point. Toute force, ou morale, ou phisique, ou singulière, ou collective, qui s'est sentie et montrée une fois souveraine, ne fût-ce que pendant l'espace de vingt-quatre heures, n'est plus susceptible de rentrer dans les bornes du devoir, que de son propre mouvement, et par la voie de l'organisation sociale qu'elle s'impose à elle-même, sous l'influence et avec le gré de l'état; en un mot, qu'en devenant une institution régulière et placée dans la hiérarchie sociale au juste rang qui lui appartient.

On vous a beaucoup parlé, Messieurs, d'institutions; on vous en parle encore tous les jours. Tous les jours on vous dit, et vous répétez souvent vous même : « NOS INSTITUTIONS ! » Il est un peu dur d'avoir à vous dire que non-seulement ce que l'on appelle, et que vous appelez des INSTITUTIONS, n'en sont pas l'ombre; mais encore, que pas un d'entre vous n'a une idée précise de ce que c'est qu'une *institution* sociale. Un de vos collègues, feu Lafayette, de *révoltante* mémoire, a osé dire : « La souveraineté du peuple! voilà une institution. » C'est tout au plus la prétention d'en être une, bon gré, malgré; mais en attendant sa réalité pratique, ce n'est qu'un monstrueux barbarisme législatif qui ne supporte pas même l'analyse grammaticale. De plus, il est généralement admis parmi vous, que le *Charte* est une institution. Et c'en est tout au plus une, comme la plan d'une maison à bâtir en est la construction réelle. Certes, on rirait bien d'un architecte qui, de l'édifice qu'il projette et dont il a tracé sur le papier tous les devis, tous les plans, tous les avantages intérieurs et extérieurs, n'aurait pas même en réalité songé à en poser la première pierre; et qui, pour prix de son travail de cabinet, exigerait le même salaire et le même tribut d'admiration que s'il avait élevé ce monument fantastique. Eh! bien, Messieurs, cet architecte, c'est vous. Ce plan imaginaire, à l'exécution duquel manquent et les matériaux, et les ouvriers, et le terrain, et le temps, et la main d'œuvre, et la discipline, c'est la parfaite image de tout ce que vous appelez vos institutions. Il ne suffit pas au pouvoir humain de dire : *fiat lux*, pour que la lumière soit. Encore moins sied-il à la présomption de l'homme ou à ses plus honteuses faiblesses de fonder quoique ce soit au doigt et à l'œil.

Qu'est-ce donc qu'une institution? C'est le principe générateur et la règle intime de toute puissance sociale : toute faculté humaine, susceptible d'une organisation collective ou d'un développement numérique, est une puissance sociale.

Il n'y a d'institution réelle et possible qu'au profit d'un principe d'ordre pratique, et dans l'intérêt d'un des élémens de la puissance sociale; et toute règle, tout statut que repoussent ou que contredisent les mœurs, est une fausse institution, ou plutôt n'est pas une institution. Mais si d'un côté toute institution, que repoussent les mœurs, ou qui reste étrangère aux mœurs, malgré les efforts qu'on fait pour l'y implanter, est une chimère de tyrannie, de l'autre, toute habitude sociale fortement ancrée dans les mœurs, et à laquelle on dénie la consécration d'un rang légitime parmi les institutions de l'état, est tôt ou tard l'écueil et la mort de la tyrannie, sous quelque forme que s'exerce son despotisme.

L'usage et l'habitude de la presse périodique en sont venus parmi nous à ce degré d'ascendant sur les mœurs, qu'il est maintenant également impossible à l'état de leur laisser l'empire qu'ils y exercent, et de les en dépouiller. C'est cependant ce dernier parti qu'on se propose de prendre. Il y a, messieurs, dans ce parti autant d'ignorance que d'aveuglement. Ignorance, parce que c'est fouler aux pieds les élémens de la seule puissance dont nos mœurs soient actuellement capables d'accepter le joug; aveuglement, parce que c'est lutter contre l'habitude sociale la plus fortement enracinée dans nos mœurs, et que l'on ne comprime pas plus les mœurs ou les habitudes sociales que l'on ne comprime l'air; ou du moins est-ce aux mêmes risques et aux mêmes périls qu'on peut le tenter pour un moment.

Quel est le devoir, quel est l'art de l'homme d'état, quand il se trouve ainsi placé entre le danger de laisser subsister l'abus d'une puissance qu'il ne peut vaincre, et le danger plus grand encore d'annihiler cette puissance, dont l'abus lui est un invincible obstacle? il n'a pas le choix : il faut qu'il organise cette puissance en institution; qu'il s'associe à l'action générale de l'état; qu'il en fasse un des ressorts du mécanisme social; car, partout où il se rencontre une force morale capable de résister à l'action de l'état, il y a le germe ou les indices d'une puissance sociale, et partout où il y a le germe et les indices d'une puissance sociale, il y a nécessité d'une institution d'état, pour en régler le cours et pour en rendre l'exercice salutaire, de désastreux qu'il était jusqu'alors.

Mais faut-il vous révéler, messieurs, la raison ou plutôt l'instinct qui, dans l'esprit des hommes d'état d'aujourd'hui, s'oppose à l'institution régulière de la presse? C'est, en premier lieu, parce qu'ils ne savent comment s'y prendre pour fonder une institution vraiment digne de ce nom. En second lieu, c'est parce qu'ils ont comme un pressentiment vague que cette puissance, s'ils savaient, s'ils pouvaient et s'ils voulaient l'organiser en institution régulière, l'emporterait bientôt peut-être sur celle de la tribune parlementaire, ou du moins balancerait son autorité, jusqu'à lui ôter une partie de sa suprématie politique.

Or, comme la tribune parlementaire est actuellement en possession de la souveraineté absolue, ils craindraient, en organisant ou en laissant s'organiser la presse, que sa puissance n'éclipsât celle de la tribune. Mais là est encore leur erreur; s'il y a possibilité que cela soit, cela sera. Car le cours des choses est comme l'eau qui tend toujours à prendre son niveau, quelques digues qu'on oppose à sa force, et qui, sous l'effort de la digue, se change en torrent dévastateur, de fécond ruisseau qu'il était à sa source.

Et quand il serait vrai, messieurs, qu'il y ait plus de *représentation naitonale* possible par la voie de la presse que par celle de la tribune, quel mal y aurait-il à l'essayer? Depuis cinquante ans que la tribune s'est instituée en France souveraine absolue, et que la France subit son joug sans murmurer, qu'a-t-elle fait? qu'a-t-elle produit en hommes et en choses? Tantôt esclave, tantôt tyran; despote envers qui lui cède, aux genoux de qui la subjugue, elle a successivement tout souffert, tout consacré: le bien comme le mal, l'outrage et l'affront, comme l'encens et la flatterie; aujourd'hui le crime, et demain son supplice; rarement la vraie gloire et la vraie vertu; toujours l'erreur, quelquefois le mensonge, et jamais n'osant seulement envisager la vérité en face! Depuis cinquante ans que la tribune règne en France, quel pied a-t-elle pris dans les mœurs? quel ascendant y exerce-t-elle? aucun; elle y est tout aussi étrangère que le premier jour où Mirabeau lui a ouvert la carrière. Encore eût-elle alors pour elle l'attrait de la nouveauté et le mérite de la résistance au pouvoir qu'elle était destinée à supplanter. Mais depuis qu'à son tour la tribune est souveraine, qu'est-elle à l'égard des mœurs? Un spectacle, rien de plus! Une source de paroles perdues et de controverses transitoires, rien de moins. Donc, la tribune, en France, est une fausse institution, une institution que repoussent les mœurs; et pourquoi? Parce qu'il n'y a dans elle ni une force morale, ni une puissance sociale en harmonie avec l'esprit, le caractère et les penchans du peuple qu'elle domine sans sa conviction et subjugue sans son concours.

Quoiqu'il en soit, observez, messieurs, la filiation des choses qui ont concouru à ériger parmi nous la puissance du tribun en un simulacre d'institution sociale. Cette puissance a commencé par être un homme audacieux, éloquent, et dont le génie ambitieux fraya soudain la voie à tous ceux qui, comme lui, avaient soif de renommée et de fortune. Fidèle à son principe générateur, la tribune eut bientôt trouvé dans les intérêts de sa puissance future, la règle intime qui devait l'ériger en institution sociale, ou qui du moins pouvait lui en acquérir le renom et lui en donner l'autorité. La tribune est aujourd'hui à son déclin; elle le sent, et c'est pour cela qu'impuissante à rien fonder, inhabile à rien prévoir, sans crédit sur l'esprit public, sans empire sur les mœurs, dont elle semble être une excroissance; elle envie et jalouse la presse qui, dans son germe inculte et sa force encore sauvage, comporte dans sa nature de quoi satisfaire à toutes ces conditions, par son ascendant sur les mœurs et par son crédit sur l'esprit public, déjà tributaires de sa puissance informe.

C'est donc en vain, messieurs, ou qu'on tâche à se le dissimuler, ou qu'on cherche à vous le déguiser: la tribune en France a fini son règne. Celui de la presse commence, en dépit des efforts que l'on fait pour comprimer sa puissance ; et par la raison même de ces efforts, qui n'en sont que l'authentique constatation. En voulez-vous la preuve par inductions palpables, la voici :

Où la tribune, par le fait de son institution factice, recrute-t-elle ses forces, son personnel et sa milice morale ? Dans un cercle très-limité d'hommes évalués au seul tarif de leur position de fortune. Encore l'autorité de sa milice, ainsi triée, elle-elle astreinte à certaines lois de discipline privée, où son mérite n'a pas toujours l'espace nécessaire à tous ses développemens. Par conséquent, pour peu que sa position soit faussée d'une manière ou d'une autre, elle n'y peut déployer ses forces qu'avec désavantage, et succomber sous le poids de l'agression de ses adversaires, n'ayant pour refuge que l'autorité d'emprunt que lui prête la loi, tant qu'elle en aura la manutention. En un mot, elle est, en cas de lutte et de collision morale, comme l'est la troupe de ligne dans les batailles de carrefours ; assaillie par le nombre, victime de sa discipline, et trahie au moindre échec par la multitude, qui lui fait aussitôt défection. Elle n'a plus de chance alors que dans l'abus de la loi et dans la mitraille des mesures coërcitives ; mais cela n'est qu'une ressource meurtrière pour elle-même.

La presse, au contraire, où recrute-t-elle ses forces, son personnel et sa milice morale ? Dans tous les rangs, dans toutes les classes de la société. Là, point de degrés d'éligibilité et de circonscription électorale ; c'est comme une levée en masse de toute l'intelligence du peuple. Son cercle est illimité ; il comprend ou peut comprendre tout ce que la France a d'hommes éclairés, de gens instruits, d'habiles écrivains, de penseurs expérimentés, d'observateurs judicieux. Sans doute il s'en trouve aussi dans le nombre beaucoup d'ignorans, beaucoup à passions désordonnées, beaucoup à imaginations effrénées ; mais il n'en est pas moins vrai que, dans son ensemble, on peut dire que la presse est l'expression brute de toutes les facultés morales de nos mœurs, dont la manifestation, faute d'organisation tutélaire, peut bien être momentanément plus pernicieuse que propice aux mœurs, mais dont la puissance est, à tous ces titres, infiniment supérieure à celle de la tribune.

En Angleterre, c'est bien différent. J'en ai déduit plus haut les raisons. La tribune y va de pair avec la presse, et toutes deux y sont, à un égal degré, l'expression de la licence, qui est l'âme de cette anomalie sociale. On a beau chercher des similitudes entre ces deux nations, et s'étayer de ce qui se fait en Angleterre, pour en justifier l'importation en France : tout cela est bon dans un discours de tribune ou dans les colonnes d'un journal salarié, mais cela ne change rien au fait. Les institutions exotiques sont comme les plantes et les fruits : ceux-ci n'ont jamais, sur le sol où on les transplante la sève et le suc qu'ils ont sous leur climat natal : de même celles là n'ont jamais, dans les mœurs où on les inocule, le caractère et la portée quelles ont dans leur législation natale. Voyez nos parlemens ce qu'ils sont devenus en Angleterre, où nous avons la simplicité de les aller chercher de seconde main. J'en donnerai une autre preuve dans la comparaison de ce que c'est que le barreau en France, et la profession d'avocat en Angleterre. Cela me conduira naturellement à déduire le seul moyen qu'il y a d'organiser la presse, et d'en faire une institution sociale.

En attendant, pour conclure aujourd'hui, il est bien évident que dans cette lutte ouverte entre la tribune et la presse, celle-ci peut succomber momentanément aux tentatives de la première; mais que de ces deux puissances, celle qui est la plus viable, la plus enracinée dans les mœurs, la plus conforme à l'esprit et au caractère des Français, et par conséquent la plus forte des deux, c'est la presse. Je dirai plus : il y a même dans le génie de notre langue et dans la difficulté de se plier communément aux exigences de l'improvisation en public (à laquelle, au contraire, se prêtent merveilleusement et la syntaxe anglaise et la nature positive du caractère anglais), un obstacle dirimant à ce que la puissance de la tribune puisse jamais tenir en France tête à celle de la presse. En France, il y aura toujours communément cent ou deux cents écrivains distingués pour un orateur habile; et en Angleterre, il y a communément deux cens orateurs distingués pour un habile écrivain.

Il n'y a donc pas de milieu ici : il faut que la tribune consente de bon gré à admettre la presse au partage de sa souveraineté, ou qu'elle succombe un jour ou un autre à sa rivale. Et pour cela, au lieu de préparer des menaces, des sévices, des fers, des cachots, des tortures et des supplices à la presse, il faut qu'elle s'occupe de lui faire une place dans l'ordre social et dans l'état. Il faut enfin qu'elle l'associe à son œuvre publique. Car, à ne juger qu'à vol d'oiseau une chose de cette importance où toute la moëlle du corps social est renfermée, n'est-il pas absurde que la considération politique, le rang public, les déférences d'état soient exclusivement dévolus à tous les attenans et aboutissans de la tribune, quels que soient l'importance et le mérite de leur vote pris à tâtons dans le registre des contribuables; tandis que les plus hautes sommités de la presse et les plus honorables publicistes seront, en expiation des mauvais, traités comme des nègres, pour peu que la plume leur tourne, ou qu'ils fassent mine de ne pas trouver sublime cette étrange répartition des droits sociaux. Non, cela ne peut pas être. Un pareil projet est plus que de la licence législative, c'est de la barbarie avant la lettre, et la lettre tue, comme on dit dans un sens inverse. Au lieu de l'exaspérer, civilisez-donc la presse; ou la presse fera de la tribune ce que celle-ci a fait de la monarchie. Et que lui faut-il pour cela? Trouver aussi son Mirabeau! qui sait....

SIXIÈME LETTRE. (1)

Franchises et institutions de la presse périodique.

Ce qui constate et constitue le véritable homme d'état, c'est l'aptitude à lire dans les mœurs comme en un livre élémentaire, et à savoir y puiser les inspirations dont vit et s'alimente la loi; car il semblerait que *lex* vient de *legere*, comme *rex* vient de *regere*.

Mais ce qui constate et constitue au contraire le brouillon ou le faux homme d'état, c'est la funeste précipitation à ne voir les choses qu'à travers sa propre imagination, et à vouloir qu'elles soient en réalité ce qu'il se les figure être. Or, il y a cinquante ans et plus que la France est en proie aux brouillons d'état. Cette époque-ci en est comme l'appendice et le résumé : toutes les erreurs et chimères nées des époques précédentes s'y sont donné rendez-vous comme pour régler leurs comptes ensemble; nous en payons les pots cassés, car tous nos hommes d'état sont plus ou moins fêlés.

La politique aujourd'hui est montée sur un pied de folie qui ferait mettre aux petites maisons le moindre individu qui, dans sa vie privée, agirait avec l'imprévoyance et la précipitation qui président constamment à la gestion actuelle des affaires publiques. Jusques à quand, Messieurs les députés, sanctionnerez-vous, par votre assentiment, cette malencontreuse subversion de tout principe, de toute notion politique? Observez depuis cinq ans le chemin qu'on vous a fait faire, pour vous retrouver juste, après tant de marches forcées, au point dont vous êtes partis et quelque chose de moins encore.

On accepte d'abord le pouvoir; pour mieux dire, on s'en empare, à des conditions qui ne sont pas tenables, et les moins tenables sont celles qu'on exalte le plus et dont on promet l'accomplissement avec le plus de solennité! Faute immense en politique, où promettre quoi que ce soit est pour le moins s'exposer à ne le pouvoir ja-

(1) Publiée le 20 août dans *la France*.

mais tenir ; car le temps est toujours de moitié dans tout ce qui s'y fait; et qui peut jamais être assuré d'avance de la coopération de l'expérience dont le temps seul a la clé!

On accepte non-seulement le pouvoir à des conditions impossibles, mais on accepte encore les choses sous des noms supposés et les hommes sous des renoms factices; et l'on vous fait, Messieurs, adopter, consacrer tout cela en blanc, sans vous laisser même le temps de la réflexion! Et ce blanc-seing, ce marché fait à tête ou pile, on a eu la simplicité de se l'imposer soi-même et de vous l'imposer comme loi fondamentale irrémissible! Or, dans la vie privée, voit-on le négociant contracter sciemment un marché ruineux? Voit-on l'entrepreneur s'engager à des travaux qu'il n'est pas certain de pouvoir exécuter? Voit-on le dialecticien consentir à disserter dans une langue inintelligible? l'homme logique accepter l'argumentation sur de fausses prémisses? enfin, le plus humble artisan recevoir son salaire au tarif d'une monnaie altérée ou qui n'a pas cours? Voilà cependant l'image de la législation qu'on vous a fait accepter comme une autre arche sainte, et que l'on est maintenant réduit à ravitailler chaque jour parce qu'elle fait eau de toutes parts. Vous n'êtes pas au bout.

Pour mettre de l'ordre dans les choses, il faut commencer par en mettre dans les idées; et pour en mettre dans les idées, il faut en apporter d'abord dans les mots. Bornons-nous ici à l'objet de la discussion, qui est la presse. Vous allez voir, Messieurs, combien la vérité du langage jette de clarté dans l'examen des choses. Ce que depuis si long-temps on décore fastueusement du nom de liberté, appelez le licence, et tout va s'expliquer, tout va s'aplanir pour vous. Ainsi l'on a promis en votre nom la liberté de la presse : que la liberté soit! Rien n'y fait obstacle, tout y concourt au contraire : la liberté en tout est à la fois le principe, le moyen et la fin de toute l'institution sociale. Mais avec la liberté ne confondez pas la licence, car l'une est l'absolue négation de l'autre. Or, c'est la licence qu'on vous a demandée et que vous avez involontairement ou sciemment accordée sous le nom de la liberté de la presse. Car la licence est *la faculté de tout faire hors ce que défend et punit la loi*, tandis que la liberté n'est que la faculté de bien faire sous l'inspiration de la loi. La licence est l'appétit de l'homme brute; la liberté est l'attribut de l'homme civilisé!

La loi donc qui féconde, institue, encourage et développe la puissance de l'homme à bien faire, est la seule qui mérite le nom de loi: son empire est tacite, à celle-là; et l'obéissance qu'on lui voue est involontaire, comme la soumission des sens à tout ce qui répond aux besoins physiques.

Au contraire, la loi qui châtie, menace, épouvante et réprime la puissance de l'homme à mal faire, n'est pas la loi, ce n'en est que la forme, le simulacre; et la crainte qu'elle inspire est souvent un stimulant à l'enfreindre plutôt qu'une digue aux passions qu'elle a pour but de comprimer ou d'étouffer. Malheur aux législations qui ne sont que répressives : il n'y a pas de liberté possible là où il n'y a que des bornes ; et il n'y a pas de bornes possibles là où il n'y a que de la licence. Par malheur, la licence est actuellement l'âme et l'unique principe de nos mœurs. Ou plutôt, nous n'avons plus de mœurs, pas même cette uniformité de ton et de manières qu'imprimait autrefois à toutes nos habitudes sociales cet esprit d'imitation si familier à notre caractère naturel, qu'on appelle la mode, et qu'on appelait bon ton dans les hautes classes de la société. Chacun vit aujourd'hui comme il veut, fait de sa vie ce qu'il veut, à part la nécessité d'en faire ce qu'il peut. Et il n'y a de règle commune en rien. Cette indépendance individuelle va souvent même jusqu'à l'orgueil de l'isolement et à la vanité de ne tenir à aucun lien social, sans en excepter, qui plus est, l'habitude de se vêtir autrement que tout le monde.

Il y a dans cette excentricité sociale toute la raison du système représentatif importé des Anglais, dont le caractère est le type de cet individualisme national. Dans un état où rien ne se lie, où il n'y a que des individualités singulières et collectives, et où chaque individualité morale et physique a congé de vivre à sa guise, sauf certaines restrictions pénales : le droit public est nécessairement l'œuvre de tous les jours, et ne peut reposer que sur une législation à tiroir, où chaque passion, chaque intérêt, chaque ambition, chaque amour-propre, et même au besoin, chaque vice et chaque penchant déréglé a sa case à part et sa représentation officielle. Evidemment un pareil régime n'est pas la liberté pratique ; c'est la licence organisée en forme de gouvernement. Et les mœurs qui en résultent ne peuvent être que la licence en état de fermentation, et dont la sphère commune n'est liée ou bornée que par une circonscription de mesures répressives, semblable au cercle que décrivent les chiens de berger autour du troupeau dont ils ont la surveillance active.

Néanmoins, quelque anomal que soit cet état politique, il est parvenu en Angleterre à suppléer toutes les conditions de la sociabilité humaine, au point que cet exemple nous a tentés, et que nous n'avons plus d'autre ambition, depuis un demi-siècle, que celle de hausser ou d'abaisser notre état social à ce prétendu *régime constitutionnel* qui est en réalité le *régime* de l'anti-constitution sociale. Mais il en est de la politique comme de l'hygiène : le régime qui convient à tel tempérament, est mortel à un autre ; et nous sommes l'autre en fait de représentatif. J'en vais citer une preuve entre mille ; et cela nous ramènera naturellement à l'objet de cette discussion.

En Angleterre, une des plus honorables professions libres est celle d'avocat (councel) ; elle y marche de pair avec celle de juge, et cependant elle y est abandonnée au sentiment individuel de sa propre dignité. Ses mœurs y sont généralement empreintes d'un caractère spécial, et universellement investies de la considération publique. Cependant, elles ne sont astreintes à aucune règle de discipline particulière, soumises à aucun statut préservatif de l'esprit de corps parmi tous les membres de cette profession. En un mot, ce que l'on appelle en France le barreau n'existe pas en Angleterre; il n'y a pas de nom générique attaché à cette profession.

En France, au contraire, où rien n'existe que par l'institution qui est la synthèse sociale de toute chose, la profession d'avocat, pour atteindre au degré d'estime et de respect qu'elle mérite, s'est trouvée, par la suite des temps, entraînée malgré elle à se former en institution distincte, et forcée de s'astreindre d'elle-même à une discipline particulière, pour imprimer à sa noble mission un caractère conforme à la nature de ses droits et de ses devoirs dans l'ordre social. Et pourquoi cette nécessité en France, qui n'existe pas en Angleterre? parce qu'en France, toute puissance morale se traduit par une institution, tandis qu'en Angleterre elle reste dans son état de nature, n'y trouvant de force que dans son indépendance sociale.

Or, qu'était le barreau français, devenu si puissant par son organisation, avant qu'il fût érigé en institution, et que par conséquent il n'eût ses prérogatives, ses priviléges à part? ce n'était qu'une classe de la société comme une autre, et dont chaque membre jouissait de la part d'estime et de considération publique que lui méritait individuellement son mérite et ses vertus personnels, chacun d'eux n'étant responsable que de sa vie ou de sa conduite privée. Mais la société en France exige encore plus que le développement individuel et que le concours privé des facultés de tous ses membres : ce n'est pas seulement l'union, c'est encore l'unité qu'elle veut dans tout et pour tout; car si l'union fait la force, l'unité seule fait la puissance; et l'unité, c'est la fusion de toutes les forces dans un principe d'organisation dont la synthèse est l'objet de toute institution.

Eh! bien, Messieurs, ce qu'était la profession d'avocat, ou tout autre de cette nature, avant qu'elle fût instituée en un corps social, celle d'écrivain politique, ou de publiciste, ou de journaliste, comme vous voulez l'appeler, en est aujourd'hui l'équivalent dans nos mœurs. Il y a plus, elle participe à la fois et du jurisconsulte, interprète des droits de sa clientelle, et du professeur, par l'enseignement de ses doctrines politiques. A ce double titre, cette profession mérite donc l'attention spéciale de l'homme d'état, car, plus elle est dangereuse, abandonnée à sa force naturelle, et plus elle est susceptible de devenir, par l'organisation, une puissance sociale de premier ordre dans l'état. Et d'abord, que faut-il à l'état pour s'affilier une influence, une prépondérance quelconque attachée soit à une profession, soit à une classe de la société? Il n'a qu'à en reconnaître; qu'à en légitimer l'exercice, sans même s'imposer la tâche d'en surveiller l'emploi. Toute la contrainte qu'il lui faut, et qu'il est toujours en droit d'exercer envers quelque classe que ce soit de la société, c'est de l'obliger à s'instituer elle-même en un corps régulier, à se réunir en conseil, à s'organiser en société spéciale chargée de statuer sur la meilleure discipline à adopter, la meilleure règle à suivre pour former un corps respectable, et mériter tous les priviléges et droits le plus conformes à la nature des services que cette profession peut rendre à la société en général. Sauf après, de la part de l'état, à retenir par devers soi toutes les garanties qui lui sont nécessaires pour s'assurer l'entière exécution des engagemens de la presse envers lui pour acquit des franchises dont il l'a dotée en l'instituant.

Vraiment, cela paraît si facile à accomplir, et cette impulsion est si aisée à donner en France; elle est si usitée, si ancienne, si familière à nos mœurs, si conforme aux habitudes de toute notre existence sociale, qu'il est à peine croyable que cette idée ne soit encore venue à personne. C'est presque un crime de lèse-nation, ou tout au moins de lèze-bon sens, que de voir ce plan, non-seulement échapper à des hommes qui se disent hommes d'état, mais encore être suppléé par la malheureuse prétention d'annihiler cette puissance morale, la plus grande peut-être qui ait jamais été destinée à dominer l'ordre social depuis que le monde est monde. Car, ainsi que je l'ai dit autre part, la presse actuellement exerce sur les mœurs et sur l'esprit public, tout l'empire que jadis y exerçait le clergé.

Quoi, objectera-t-on, la presse, ce foyer d'injures et d'outrages, cet agent furtif et clandestin des plus implacables haines, ce brandon de discordes, ce ferment d'anarchie, ce levain de guerre civile, cette peste sociale enfin, lui donner pied dans l'état! l'honorer à l'égal des institutions titulaires! en faire un corps privilégié, une profession glorieuse! Et pourquoi pas? c'est justement parce que cette puissance est susceptible d'engendrer tout ce mal, qu'il importe d'en régulariser le cours et d'en déterminer le but. Et d'ailleurs, tout ce mal qu'elle peut faire et qu'elle fait, qu'atteste-t-il? un défaut de civilisation, un manque d'organisation. Toutes les puissances collectives et presque toutes les puissances individuelles de l'homme ont ainsi commencé par la dévastation et la soif de nuire: le génie du mal a plus révélé de puissance dans l'homme que l'amour du bien. L'usage du fer a commencé par un fratricide, et tous les antidotes ont été des poisons. Tout ce mal encore, à quoi tient-il? à l'esprit de licence qui règne dans nos mœurs, dont la presse est le miroir fidèle; à ce penchant qui les porte à l'individualisme concentré, qui fuit et redoute jusqu'aux chances d'une sociabilité fortuite; qui se complaît dans une solitude sournoise, où la présomption privée se berce des rêves de la haine et savoure à longs traits le fiel de la rancune. Or, il n'y a qu'un mot à dire pour dissiper tout ce nuage, et ce mot est : honorons la presse, afin qu'elle nous honore.

Est-ce que ce n'est pas tout l'art social que de relever l'homme à ses propres yeux ? Est-ce que ce n'est pas tout l'homme, que sa confiance en lui-même ? Et la société qu'est-ce autre chose qu'une œuvre commune, à laquelle il apporte d'autant plus de zèle qu'il en retire plus de satisfaction de lui-même. Otez à la presse le moyen de nuire, soit ; mais laissez-lui tous les moyens qu'elle a d'être utile. Et pour cela, ne la rendez justiciable que d'elle-même, passible que de son propre blâme ; et laissez faire le reste à la réunion des hommes qui sont ses organes. Ordonnez qu'ils se réunissent et qu'ils vous soumettent le plan de leur organisation voilà tout. Nos plus grandes institutions n'ont pas eu d'autre origine ; et puisque vous vous êtes vous-mêmes institués nos rois, imitez nos anciens rois, qui furent toujours les premiers à favoriser l'établissement des franchises les plus favorables au développement de l'époque où ils vivaient. Au lieu de vous apprêter, comme vous faites, à traîner sur la claie, la presse votre rivale, relevez au contraire sa condition : avouez-la pour votre émule sous peine de l'avoir un jour pour souveraine, et vous le pouvez encore : il y aurait au moins une noble innovation dans le projet, tandis qu'il n'y a rien de plus usé, de plus rouillé que tout cet apprêt coërcitif que vous aiguisez maintenant contre elle ; c'est Cinna qu'il vous faut voir en elle, non pas Britannicus ; et c'est Auguste, non pas Néron qu'il vous faut imiter à son égard.

Un ministre vous a dit qu'il méditait depuis long-temps ces voies répressives ; eh bien ! ce plan d'institution que nous vous suggérons, il y a long temps aussi que nous le méditions, et nous sommes tout prêts à en formuler l'exécution, dont le besoin est écrit partout. Mais comme nous ne sommes pas de ceux qui font des programmes en l'air, et des chartes d'attente, nous n'aventurerons pas cette idée aux chances de l'oisive controverse ; c'est déjà bien assez que de vous avoir mis sur la voie : pas un publiciste n'en a encore fait autant. Un niais a dit que : TOUTE LA SOCIÉTÉ EST DANS LA CHARTE. Avec plus de raison, nous disons, nous, que toute la société actuelle est dans l'institution pratique dont nous allons tracer une simple esquisse, uniquement pour vous donner la mesure de tout ce qui manque à la conception de la loi en litige. Mais auparavant nous devons faire justice du rapporteur de cette loi d'immolation. Dieu sait sur qui tombera le poids du sacrifice !

A M. SAUZET,

RAPPORTEUR DE LA LOI SUR LA PRESSE.

SEPTIÈME LETTRE (1).

> Une loi inutile fatigue la société : le refus d'une loi nécessaire peut la mettre en péril.
>
> (*Rapport de M. Sauzet.*)

Ce sont vos propres paroles, Monsieur, dont je fais ici le thême de cette dissertation. C'est une singulière coïncidence que cette phrase de votre rapport sur la loi de la presse, venant à point nommé pour résumer en peu de mots toute la discussion que j'ai entreprise sur cette matière. Mais il y a une remarque non moins étrange à faire dans cette coïncidence c'est que toute la teneur de votre rapport est la confirmation des principes émis dans ma discussion, soit implicitement, soit explicitement. Je vous demande donc la permission de faire avec vous, tantôt contradictoirement, tantôt parallèlement, l'analyse succincte, et du projet de loi dont l'examen vous est dévolu, et de votre avis élaboré sur l'esprit de cette loi. Ce travail est d'autant plus fait pour vous intéresser, qu'il est à craindre que cette tache législative ne reste attachée à votre nom, par suite des modifications que vous y avez apportées et par la manière dont vous vous êtes identifié à cette monstrueuse conception. L'inexpérience que vous paraissez avoir dans ces questions de haute portée politique, où toutes les ressources d'une brillante diction et la réthorique des banalités courantes ne rachètent pas les vices ou le manque de la pensée, vous fera peut-être un devoir de conscience ou un besoin de curiosité de comparer le vague de vos

(1) Publiée le 22 août dans *la France*.

idées sur cette matière avec la théorie positive qui en fixe les principes. Il y a loin encore de la triture du droit civil à la connaissance approfondie du droit politique. On peut être fort expert dans l'interprétation du texte des lois, à l'usage des intérêts particuliers, et n'être pas le moins du monde initié à l'esprit des lois fondamentales de la société. L'étude qui fait l'avocat est tout à l'opposé de celle qui fait le publiciste : la parole est tout l'un, la réflexion, tout l'autre. C'est au microscope que le jurisconsulte étudie la loi, tandis que c'est au télescope que l'homme d'état l'observe. Une de nos plus grandes plaies sociales, dont vous avez omis de faire mention dans le véridique tableau que vous en avez fait, Monsieur, c'est ce préjugé qui, depuis si long-temps, domine la multitude, qu'il n'y a qu'un pas d'un légiste à un législateur, et que la profession qui vit de litige au milieu du conflit des codes écrits, est nécessairement la plus apte à manier les statuts de l'état. Par malheur, le témoignage des cinq dernières années, ajouté à celui de quarante autres, n'est pas en faveur de ce préjugé. Et par malheur encore, votre concours récent n'est pas de nature à le réhabiliter : Je vais vous en faire juge :

Je conviens avec vous, Monsieur, qu'UNE LOI INUTILE FATIGUE LA SOCIÉTÉ ; j'irai même plus loin que vous, car je dirai : une loi inutile n'est pas une loi ; et tout ce qui s'arroge la forme ou l'autorité d'une loi, sans en avoir l'efficacité virtuelle, est un acte de despotisme ou une ânerie politique, qui fait plus que *fatiguer la société ;* il en rompt le pacte. La question entre nous est donc maintenant de savoir ce que c'est, selon vous, qu'*une loi inutile*, et selon moi, qu'*une loi qui n'en est pas une.* Or, je ne sais pas au juste ce que vous appelez une loi. Mais voici ce que j'entends par une loi vraiment loi, et par une loi qui n'en a que la forme et le nom.

La loi est tout ce qui crée, institue, féconde et vivifie les élémens de la vie sociale : j'en ai donné l'explication dans la lettre précédente. Tout ce qui ne porte pas ce caractère de création et de fécondité n'est pas une loi ; c'est un statut de police intérieure ; c'est une ordonnance d'ordre transitoire ; c'est une mesure d'état, un expédient administratif ; c'est enfin tout ce qu'on voudra ; mais ce n'est pas une loi.

A ce titre donc une loi inutile est une loi stérile ; et toute loi qui n'est que répressive est une loi stérile. Interrogez la science médicale, elle vous dira ce que c'est qu'une loi dans l'organisation humaine : c'est tout ce qui concourt à l'action vitale. Mais il n'y a pas de loi dans la médecine de répression, c'est-à-dire dans la médecine curative : il n'y a que des règles de tact ou de discernement, et des expédiens d'observation. La science politique est de même : elle ne reconnaît pour loi que ce qui concourt à l'action vitale de la société, et une *loi de répression* est un barbarisme législatif ; autant vaudrait dire : une base accidentelle.

En conséquence, UNE LOI INUTILE, c'est par exemple, Monsieur, celle que vous proposez. Et vous êtes bien modeste en croyant qu'elle ne fera que *fatiguer la société*.

Je suis encore de votre avis, quand vous dites que le REFUS D'UNE LOI NÉCESSAIRE PEUT LA METTRE EN PÉRIL (la société). J'irai encore plus loin que vous ici, car je dirai : Le refus d'une loi nécessaire est la mort certaine, ou de la société, ou du pouvoir de qui vient le refus. Maintenant qu'est-ce qu'une *loi nécessaire*, afin de constater le cas où son refus est mortel soit à la société, soit à l'auteur de son refus ?

Nous venons de dire que la loi est ce qui crée, ce qui institue, féconde et vivifie les élémens de la vie sociale. Par conséquent une *loi nécessaire* est celle qu'invoque à l'aide de son développement et pour en féconder le germe, toute faculté, toute puissance sociale qui demande à se faire jour dans les mœurs où fermentent déjà ses élémens incultes. Et cette *loi*, dans ce cas, est d'autant plus *nécessaire* que la puissance, dont elle est appelée à féconder le germe, est plus enracinée dans les mœurs, ou menace d'opposer une plus forte résistance au pouvoir qui se *refuserait* à favoriser son développement.

Or cette puissance, qui demande impérieusement l'aide d'une loi protectrice et génératrice, vous l'avez nommée, vous l'avez décrite vous-même : « La presse, avez-vous dit, est la première puis-
» sance de l'époque. La presse, avez-vous dit encore, la presse à
» qui *les mœurs du siècle donnent une si haute mission sociale et*
» *politique* peut aider puissamment à cette grande régénération. »
Il est donc bien évident que, d'après votre propre aveu, si jamais il y a eu *une loi nécessaire*, une loi urgente, indispensable, et dans toute l'étendue des attributions d'une véritable loi, c'est-à-dire créatrice, institutive, féconde et vivifiante, c'est celle que réclame en sa faveur *la première puissance de l'époque*, la presse à qui les mœurs du siècle *donnent une si haute mission sociale et politique*. Eh bien ! Monsieur, cette *loi* si *nécessaire*, cette loi dont le *refus peut mettre la société en péril*, et dont l'institution peut seule *aider puissamment à cette régénération* si désirable, non-seulement vous vous y opposez ; non-seulement vous en consommez le refus ; mais encore vous lui substituez une loi de colère, de haine et de vengeance, une loi de dépit, une espèce de défi législatif, un décret de provocation. En un mot, pour me servir de votre expression, *une loi inutile*, qui ne tend qu'à *fatiguer* inutilement *la société*. Car ce n'est que pour un temps que l'on parvient à comprimer une puissance *à qui les mœurs du siècle donnent une haute mission sociale et politique*. Pesez avec attention, Monsieur, les raisons que j'en ai déduites dans les six lettres précédentes, et c'est alors que vous serez vraiment effrayé de la justesse de vos

deux propositions prises dans un sens opposé à celui que vous leur avez donné :

1° UNE LOI INUTILE FATIGUE LA SOCIÉTÉ !

2° LE REFUS D'UNE LOI NÉCESSAIRE PEUT METTRE LA SOCIÉTÉ EN PÉRIL !

Ainsi nous sommes tous les deux pleinement d'accord : votre travail et le mien se résument *in extenso* dans ce double aphorisme, dont vous seul avez tout le mérite. La parole a cela de merveilleux, qu'elle entraîne souvent la pensée à être vraie en dépit d'elle-même, tandis que l'écrit la fausse quelquefois sans le vouloir.

Nous ne sommes pas également d'accord sur les raisons dont vous avez appuyé votre sanction au projet de loi en question. Elles sont toutes, ou du moins pour la plupart, le contrepied de la logique ou de la plus simple notion en politique. Je vais vous en signaler les plus exorbitantes. Les principales considérations sur lesquelles vous fondez l'impérieuse nécessité de la discipline restrictive dont vous conseillez l'adoption, sont :

1° La société ;

2° L'état;

3° Le gouvernement ;

4° La constitution ;

5° L'inviolabilité de son principe et du prince qui en est la personnification.

Voilà, certes, de hautes considérations, et en plus grand nombre qu'il n'en faut pour justifier une mesure d'ordre. Mais ces hautes considérations sont-elles, au fond, d'une valeur intrinsèque, en rapport réel et positif avec les mots qui en sont l'expression. Car, pour me servir encore d'une de vos pensées, non moins judicieuse que celle dont j'ai déjà développé la justesse :

« Pour que les lois conservent *leur autorité sur l'esprit des » peuples*, il faut que les qualifications demeurent en rapport avec » les faits ; *rien ne sert de grandir les mots quand les choses res- » tent les mêmes*, » c'est-à-dire ou nulles ou diamétralement en opposition avec la signification des mots qui les représentent.

Or, s'il arrivait, par exemple : 1° que la *société*, dont les intérêts vous semblent menacés, n'existât pas ; et que dans ce que vous appelez la *société*, il n'y eût pas même l'ombre de sociabilité actuellement praticable, que deviendraient tous vos argumens en faveur de sa conservation? Personne ne songe à conserver l'archevêché, c'est le rebâtir qu'il faut.

2° S'il arrivait encore que L'ÉTAT, dont vous prenez si chaudement la défense, n'existât pas même en image ; et que ce que vous appelez L'ÉTAT ne fût qu'un mécanisme artificiel, composé d'expédiens au jour le jour, plutôt étranger et même hostile aux mœurs, qu'idendifié avec l'esprit et le caractère du peuple, que deviendrait alors tout votre raisonnement sur le maintien de son pouvoir ?

3° S'il arrivait aussi que le GOUVERNEMENT, pour lequel vous réclamez si éloquemment une pleine liberté d'allure et une entière puissance de direction, n'existât pas plus que le commandant d'un vaisseau sans mâts, sans gouvernail et sans voiles ; et que ce que vous appelez gouvernement ne fût qu'un pilotage de côtes entre mille écueils à fleur-d'eau, que deviendrait toute votre argumentation sur le rétablissement indispensable de son autorité ?

4° S'il arrivait que la CONSTITUTION, dont la vitalité ne vous paraît que menacée, fût, de fait, détruite de fond en comble, depuis long-temps ; et que ce que vous appelez CONSTITUTION ne fût qu'un carré de papier équivalant, dans sa teneur, à une consultation de médecins courtisans qui, pour flatter un moribond, lui eussent alloué par écrit un tempérament d'Hercule et un état de santé prospère, que deviendrait votre prêche en l'honneur de la CONSTITUTION de votre malade ?

5° S'il arrivait enfin que le principe dont vous invoquez l'inviolabilité n'eût ni bouche, ni éperon, et ne répondît aux appels qu'on lui fait, que comme un écho à qui l'on fait dire tout ce que l'on veut ; et qu'il fût impossible de voir dans ce que vous appelez *principe* autre chose qu'un commencement d'existence, ou bien une date marquée par une astérique dans le calendrier des événemens politiques, que deviendrait alors toute votre sollicitude pour l'inviolabilité de ce principe ?

Tout cela n'est qu'une supposition de ma part, et je me garde bien d'en admettre la possibilité ; mais tout cela ressort pleinement des termes même de votre rapport, dont la pensée prédominante est la conviction intime de ces cinq négations sociales. Vous allez le voir :

1° Qu'est-ce que la *société?* C'est l'état moral d'un peuple, état coordonné dans toutes ses parties, d'après les lois fondamentales de son être collectif. Chez nous, la société, c'est la France ; or, dans votre rapport, quel tableau faites-vous de la France ou de la *société* ou de l'état moral du peuple français ? Le voici :

« Nous avons trouvé *une effroyable anarchie de doctrines, de* « *pensées et de croyances* ! UNE LICENCE sans frein, envahissant « la politique, les arts, la littérature, et débordant jusque sur nos « théâtres et nos places publiques ! Nous avons trouvé UN INDIVI- « DUALISME DÉSESPÉRANT, SANS FOI DANS LA SOCIÉTÉ, ni dans « lui-même !..... enfin, une délirante témérité, ne reculant devant « aucun moyen, ne s'arrêtant devant *aucun pouvoir de la so-* « *ciété* ! »

Convenez-en, Monsieur, il n'y a pas l'ombre d'une *société*, non-seulement existante, mais encore possible dans de pareils élémens ;

donc, dans tout le reste de votre rapport où la *société* est en jeu, il faut mettre, d'après vous, zéro pour la *société*.

2° Qu'est-ce que l'*état*? C'est le pouvoir social dans son action sur la société. Pouvoir qui résulte du concours naturel ou artificiel de toutes les facultés et puissances sociales, et dont le siége est dans l'autorité ; telle que l'a fondée et répartie la loi fondamentale de la société. L'état est dans le corps social ce que le cœur est dans le corps humain, tour-à-tour appelant à lui la force vitale et la répartissant dans tous les membres. Or, dans votre résumé de notre situation actuelle, quel tableau faites-vous de l'état ou du pouvoir dans son action sur la société?

« Le pouvoir! dites-vous : les uns l'outragent avec violence, *les « plus indulgens s'en méfient*, souvent les meilleurs *citoyens* (qua- « lité romaine) le laissent périr. Accepter ce dépôt, *c'est se vouer à « l'humiliation, à la haine*! Etre dépositaire de la loi, c'est, aux « yeux des partis, être mis hors la loi! *Plus le pouvoir est grand*, « plus l'attaque est furieuse! »

Convenez-en, Monsieur, il n'y a pas l'ombre d'un *pouvoir* en action dans tout cela ; car non-seulement l'ÉTAT, selon vous, n'agit pas dans un intérêt social, mais encore il est sans force pour sa propre conservation. Et après avoir démontré que le *pouvoir* social est nul, incapable de résister aux *attaques* qui l'assaillent de toutes parts : *plus il est grand*, dites-vous, et plus l'*attaque est furieuse*! Il y a évidemment erreur de mots dans cette phrase : vous voulez dire domination, coërcition, despotisme, entêtement de la force ; mais tout cela n'est pas le *pouvoir*, c'en est la contrefaçon, le simulacre, et correspond à ce qu'est au physique la puissance factice et momentanée que donne au corps l'usage des mouches cantharides ou de tout autre tonique irritant. Donc, partout où dans votre rapport il est question du *pouvoir* ou de l'état qui en est le siége et le foyer, il faut mettre : zéro pour l'état, zéro pour le pouvoir.

3° Qu'est-ce que le gouvernement? C'est l'impulsion, la direction donnée à l'état moral d'un peuple; c'est la manœuvre du vaisseau, dont l'état est l'emblême et dont l'équipage est l'emblême de la société. Or, sous quelles couleurs peignez-vous ce mode d'impulsion à donner aux mœurs, et de direction à imprimer à l'esprit public, sans lesquelles il n'y a pas de gouvernement.

« Les partis, dites-vous, divisent encore la France ; ils comptent « sans doute sur des hommes que *rien ne peut rallier*; mais le grand « nombre est toujours de ceux qui gémissent toujours, au fond, de « vivre *en hostilité avec le gouvernement de leur pays*...... Nous « voyons tous les jours attaquer ce qu'il y a de plus saint parmi les « hommes, le mariage, la famille, le serment..... Tous les crimes « trouvent des apologies publiques ; les jalousies et les mauvaises « passions ont été ardemment excitées. Le doute est partout, le « frein nulle part. »

Convenez-en, Monsieur, il n'y a pas dans tout cela la trace d'une impulsion donnée à l'esprit public. Pourtant ce sont là les deux attributs essentiels et caractéristiques d'un gouvernement. C'est, répondrez-vous, pour satisfaire librement à ces deux conditions, que vous cherchez à vous délivrer de l'obstacle qui en paralyse l'action. Soit : mais l'obstacle n'est pas où vous le croyez ; la mauvaise prédication n'a d'empire sur les mœurs qu'en l'absence de la bonne ; et l'esprit public ne cède aux désastreuses impulsions qu'à défaut d'en recevoir de salutaires. Commencez par gouverner, et bientôt tous ces obstacles fléchiront sous votre main. C'est tout l'art de l'habile nautonnier que de naviguer à travers les écueils sur une mer orageuse. Mais il n'y a qu'une puissance surhumaine à qui il soit permis de dire aux flots mutinés : *Quos ego!* Encore n'est-ce pas gouverner, c'est régner, et avant d'essayer le plus, tentez d'abord le moins.

4º Qu'est-ce que *la constitution* d'un peuple, d'un état, d'une société, d'un gouvernement, d'un être organisé, de quelque nature qu'il soit? C'est l'ensemble des élémens organiques de son être, y compris le principe de son existence, les conditions de sa vie, les lois générales en vertu desquelles il appartient à son espèce, et les lois particulières caractéristiques de sa nature individuelle. Or on ne peut pas plus nier *la constitution* que l'existence d'un peuple ou d'un homme, parce que l'une est la cause dont l'autre est l'effet. On peut altérer l'une par l'autre, mais on ne peut pas les nier quand elles sont réelles. Demandez à l'histoire de France ce qui a fait de nous un peuple fort, une nation puissante, une société policée, un état florissant. C'est là qu'est vraiment *la constitution*, car la constitution, c'est toute la vie, et comment la connaître avant de vivre? passe encore après avoir vécu. Donc ce n'est pas une *constitution* réelle que celle sur laquelle il peut y avoir doute et controverse, et peu importe ce qu'on dit sur une constitution qui n'est pas. Cela ne la fera pas en être une, plus que tout ce que l'on dirait contre elle, si elle était réelle, ne l'empêcherait d'en être une. Maintenant, de votre propre aveu, quel est le spectacle que vous offre *la constitution* dont vous parlez?

« Le plus étrange spectacle, dites-vous, c'est d'entendre au sein « *d'une nation organisée* (vous êtes bien honnête) prêcher hautement que ses pouvoirs sont illégitimes ou précaires..... en sorte « que chacun proclame son gouvernement, lui voue culte et obéissance..... et *la constitution* est si forte.... que le pays *n'est point* « *encore bouleversé !* » Vous êtes bien bon ; car il y a cinquante ans que le pays est bouleversé de fond en comble, et cela par toutes les *constitutions* de fantaisie et les tempéramens d'essai qu'il a plu aux caprices des partis de substituer à la vrai *constitution* du pays. Et c'est au contraire parce que, malgré ce bouleversement semi-séculaire, il conserve encore quelques germes de vie, qu'il faut en conclure la bonté de sa constitution. Aussi avez-vous bien raison de dire :

« Jamais plus périlleuse épreuve ne fut plus long-temps subie ; « mais il est temps de la finir ; si elle se prolongeait, on pourrait y « songer trop tard, et la providence pourrait bien abandonner à *la* « *fin* une nation, après tant d'avertissemens. » Vous voyez donc bien, Monsieur, que *la constitution* sociale n'est dans aucune charte, et qu'elle est uniquement dans le corps politique. Vous est-il jamais passé par la tête de croire que votre santé fût dans une ordonnance de médecin, et que votre constitution dépendît du régime auquel on vous met ? Tâtez-vous bien.

5° Quant à l'*inviolabilité* de quoi que ce soit, elle n'est pas *décrétable*. Elle existe ou n'existe pas dans la disposition des esprits. Quand elle y est, il faut des années pour l'en l'extirper, et quand elle n'y est pas, il faut des années pour l'y implanter. Il n'y a que la peste dont le germe s'inocule *ex abrupto*.

Et pourtant, à travers tout cela, il y a, Monsieur, un grand fonds de raison dans tout ce que vous avez dit. Vous avez mis le doigt sur une grande partie de toutes nos plaies, mais le siége du mal vous a échappé. Partant, vous vous trompez sur le remède. Le remède est dans cette même presse que vous voulez annihiler. Lisez les lettres précédentes, et vous en serez convaincu.

A LA CHAMBRE DES DÉPUTÉS.

HUITIÈME LETTRE (1).

Projet d'organisation de la presse, dans le but de faire voir ce que c'est qu'une institution vraie, et comment on la fonde.

Ce projet de loi n'est conçu dans d'autre espoir ni d'autre but que de mettre au moins en demeure les prétendus législateurs qui depuis cinquante ans, et maintenant plus que jamais, donnent le nom de LOIS et D'INSTITUTIONS à des mesures éphémères et accidentelles, qui ne sont, ou que des moyens de domination, par la terreur qu'elles inspirent; ou des voies de transaction entre partis adverses, par l'accord momentané qu'elles établissent entre toutes les passions dont relèvent ces partis.

Il n'y a pas dans tout le système moderne une seule institution vraie qui mérite le nom de loi. Car une institution n'est que la loi en action, dans ses rapports avec une des puissances de la société ; et la loi n'est qu'une institution dans son germe créateur.

Il n'y a de lois que dans ce qui institue, féconde et développe ; il n'y a d'institutions que dans ce qui est déjà la loi des mœurs et la règle instinctive des habitudes sociales : tout le reste est du charlatanisme de législation ; et le peuple qui subit ces impostures délibérées est tombé dans le plus honteux, dans le dernier degré de l'esclavage : celui de la pensée et du sentiment de sa dignité morale.

Ce n'est donc que comme spécimen, et pour faire voir ce que c'est qu'une institution, comment on la fonde, que ce projet de loi a été conçu à la hâte. Là, du moins, on verra marcher de front les intérêts actuels et les intérêts à venir de la puissance sociale, dont les écarts sont à réprimer, et dont le développement importe à la civilisation.

Là, du moins, les intérêts de l'état sont balancés avec les intérêts de l'intelligence publique ; là, du moins, la répression du mal se ca-

(1) Publiée le 26 août dans *la France*.

che sous l'encouragement au bien ; là, le feu des mauvaises passions pourra trouver carrière à s'éteindre au foyer des bonnes ; car tout l'art de civiliser l'homme est dans le secret de l'ennoblir à ses propres yeux. Le plus fort aiguillon pour l'homme est la considération de ses semblables, et l'état social n'a pour but que d'en rehausser le prix à ses yeux, en développant chez lui de nouveaux moyens pour y atteindre. Tel, est prêt à tomber dans la plus honteuse dégradation, qui, s'il voit s'ouvrir pour lui un accès à la considération publique, répudiera soudain la honte pour embrasser une carrière honorable. Et si c'est de la politique frauduleuse que d'aveugler l'homme par des leurres sans fond, c'est toute la politique que de savoir le flatter par le relief de ses plus nobles qualités. La méfiance n'est pas du ressort des lois : une législation ombrageuse est le fait du despotisme. La loi est une mère dont la sollicitude est confiante et tendre ; voilà pourquoi les anciens l'appelaient *patria*, germe et fécondité du bien-être social !

Ce n'est donc pas une Loi que celle qui n'est armée que de colère, de menaces et de vengeance ; c'est une Mégère implacable ; c'est la *Némésis* traduite en dialecte législatif, encore moins est-ce une INSTITUTION ; que dis-je, c'en est la négation éhontée !

Nous ne prétendons pas donner ce plan d'institution comme une œuvre complète et parfaite, mais comme une ébauche et comme un exemple de l'esprit général dans lequel doit être conçue toute loi et toute institution vraie. Qu'on cite depuis cinquante ans une seule mesure d'état qui ait été empreinte de la millième partie du sceau de sociabilité qui caractérise la rapide esquisse de ce projet.

Nous avons voulu, par ce spécimen d'institution, prouver à nos ennemis que notre opposition n'avait pas pour unique but la critique de leurs actes, notre hostilité, a pour unique mobile le désir d'entraver leur marche ou de fronder leurs principes ; et à nos amis, ce que nous entendons par LA LIBERTÉ appliquée à quelque organe que ce soit du corps social. Car, nous le répétons, ce que l'on appelle aujourd'hui *liberté* politique, *liberté* civile et *liberté de la presse*, tout cela n'est que *la licence* appliquée à toutes les parties de l'organisation sociale. Et quand M. de Chateaubriand lui-même se vante encore aujourd'hui d'être celui *à qui la France doit en grande partie* LA LIBERTÉ DE LA PRESSE, il se trompe : ce n'est que *la licence de la presse*, à laquelle il octroie l'honneur d'être la CONQUÊTE DE SA VIE ! Car cette *conquête* a été la ruine de la monarchie.

Voici donc, selon nous, ce que nous entendons par la *liberté* dans l'exercice d'une puissance sociale et d'un droit politique :

PROJET D'INSTITUTION DE LA PRESSE EN CORPORATION LIBRE.

TITRE I.

***Principes généraux*, base de l'institution.**

I. Toute institution politique a pour objet la création ou le développement d'une des facultés ou puissances sociales, et pour but, sa coopération au bien-être général de la communauté.

II. Il n'y a d'ordre social et de garantie dans sa durée qu'autant que toutes les facultés ou puissances capables d'y concourir sont instituées séparément, de la manière la plus favorable à tous leurs développemens, et incorporées dans l'état, de la manière la moins préjudiciable au développement des autres facultés ou puissances sociales.

III. La liberté, comme la lumière, est une et absolue de son essence; mais, dans ses effets, elle est relative aux objets sur lesquels son action s'exerce. C'est la juste répartition de ses bienfaits sur toutes les parties du corps social, qui est le but de la civilisation. La liberté est elle-même une puissance d'équilibre et d'harmonie entre toutes les autres puissances.

IV. Il n'y a dans la société de puissance ou générale ou partielle, que par l'organisation de ses élémens et par son institution dans la sphère qui est le plus propre à son développement; et il n'y a de liberté pour toute puissance sociale qu'entre l'impossibilité de nuire et la nécessité d'être utile.

V. Toute organisation sociale a donc pour objet d'investir la puissance qu'elle institue de tous les droits et priviléges qui lui sont nécessaires pour accomplir le bien dont elle est susceptible, et de la prémunir contre les chances du mal auxquelles est sujette toute puissance humaine.

VI. La plus grande puissance morale de l'époque est la propagation de la pensée par la voie des écrits périodiques, connue sous le nom générique de la presse. Cette puissance a remplacé, soit pour un bien, soit pour un mal, celle des anciennes traditions politiques, morales et religieuses, dont la prédication et l'exemple des vertus alimentaient jadis la foi publique. Son ascendant sur l'esprit du peuple dépasse même l'empire que la religion a jamais exercé sur les mœurs: l'incertitude des opinions y a remplacé la rectitude des croyances; et les seuls organes humains sur lesquels il est aujourdhui possible de fonder le règne des lois, sont la raison et le jugement que la presse a seule le pouvoir d'éclairer et de guider.

VII. La presse, cette unique puissance morale de l'époque, pour satisfaire à sa mission, a donc besoin d'être placée entre l'impossibilité de nuire et la nécessité d'être utile, c'est-à-dire d'être libre; et pour être libre, elle a besoin d'être instituée dans l'exercice de ses droits et de ses devoirs par une règle en harmonie avec les conditions de son existence, toute puissance sociale résultant du concours régulier et de l'accord intime des élémens qui la composent; en un mot, d'une organisation en rapport avec toutes celles qui forment le pouvoir de l'état.

VIII. Prévenir les écarts dont l'abus de cette puissance est capable; donner à son usage toute l'efficacité pratique dont elle est susceptible dans l'intérêt de la civilisation, tel est le but de cette institution.

TITRE II.

ORGANISATION GÉNÉRALE.

Droits, titres et prérogatives attachées à la profession de publiciste, instituée en corporation libre, à l'instar de celles qui jouissent du même privilége.

IX. La profession d'écrivain politique est instituée en corporation libre sous le nom de conseil de la presse, et composée des principaux écrivains politiques auxquels est alloué le titre de publiciste.

X. Le corps des publicistes formant le conseil de la presse, a ses statuts, sa discipline à part, dont les principales dispositions, indiquées plus bas, devront être mûrement délibérées et ultérieurement arrêtées entre tous les membres de cette profession qui auront satisfait aux conditions de son caractère.

XI. La presse est libre en ce sens, que le corps des publicistes qui la représente comme son conseil, est, ainsi que toutes les professions placées dans cette catégorie, affranchi par l'état, des entraves du droit commun, en tout ce qui concerne l'exercice de ses fonctions; comme tel, jouissant de priviléges et de prérogatives conformes aux services qu'elle rend dans la société, et dans la proportion des garanties morales que son caractère collectif lui offre; tant par la teneur de son organisation que par son rôle honorable dans les progrès de la civilisation.

XII. La presse périodique, dont le corps ou l'ordre des publicistes est l'organe et le conseil, est l'interprète de l'esprit public, remplissant à ce titre le double emploi d'enseignement politique et de moniteur d'état. Sous ces deux rapports sa mission est donc également importante, soit à l'égard du peuple qu'elle éclaire, soit, à l'égard des gouvernemens qu'elle avise ou qu'elle surveille. La religion, la morale, les droits et devoirs civils, l'autorité, l'obéissance et tous les principes de l'ordre social sur lesquels repose la prospérité des états, sont en quelque sorte sous sa sauvegarde. Tel est du moins le but de son institution en ordre ou corps privilégié.

XIII. Plus ces garanties d'ordre moral et de stabilité sociale, autant qu'elles s'accomplissent, offrent d'avantages ultérieurs à l'état, plus celui-ci doit en favoriser l'accomplissement par des gages de confiance proportionnés au bien qu'il doit en espérer. Tels sont le principe et l'origine de toutes les franchises sociales. Sous ce point de vue donc, et pour encourager l'exercice d'une profession qui récèle en soi une puissance susceptible de rendre d'aussi éminens services à la civilisation, le corps qui l'exerce demande à être investi de certaines prérogatives et de certains droits dévolus, dans un état civilisé, à toute corporation d'hommes dont le caractère honore la société et dont la profession, utile à la prospérité publique, devient plus efficace encore par son institution collective.

XIV. — Le droit de manifester sa pensée et de publier ses opinions sur toutes les matières d'état ou d'intérêt social, est, désormais, imprescriptible et inviolable dans la personne de tous les membres de l'ordre des publicistes, composant le conseil de la presse, sauf les restrictions que l'ordre imposera lui-même à chacun de ses membres dans l'exercice de cette manifestation ; restrictions concertées, débattues et arrêtées entre lui et les commissaires du gouvernement, chargés d'en conférer avec lui, comme il sera déduit plus bas.

XV. — Tout publiciste, écrivain politique, ou savant et homme de lettres adonné à l'étude des matières d'état, et versé dans la discussion des intérêts sociaux, sera membre de l'ordre susdit, sur le désir qu'il en témoignera, et après avoir justifié de ses titres à y être admis, par ses preuves de capacité, ou sur le seul crédit de la réputation acquise, et en promettant de se conformer aux statuts réglementaires et aux lois de discipline, constitutives de l'ordre. Il sera tenu un rôle authentique de tous les écrivains inscrits au tableau nominatif de ses membres ; et il sera délivré à chacun d'eux une attestation ou certificat de son inscription sur ledit tableau, pour lui servir de titre à valoir que de droit.

XVI. Tout publiciste, écrivain politique ou homme de lettres inscrit sur le tableau de l'ordre, et authentiquement reconnu pour être membre de la corporation, ne sera justiciable pour tous faits relatifs à l'exercice de sa profession, que de la juridiction du corps, et passible que des peines prescrites par les statuts réglementaires et les lois de discipline constitutives de l'ordre ; sauf les cas où l'autorité supérieure, administrative ou judiciaire exigerait sa mise en cause auprès des juridictions ordinaires, soit correctionnelle, soit criminelle. Auxquels cas l'autorité supérieure ne pourrait en exercer le droit, ou qu'après sommation faite par elle à l'ordre des publicistes, ou de concert avec lui par l'organe de son comité de discipline.

XVII. De même, et par contraire, les autorités supérieure administrative ou judiciaire, prêteront aide et protection au corps des publicistes, toutes les fois que par l'organe de son comité supérieur, il en réclamera l'appui contre les atteintes portées à son institution dans l'exercice ou la jouissance de ses droits, titres et prérogatives, soit au dehors, soit dans son sein, par celui ou ceux de ses propres membres dont ses statuts réglementaires et les lois de sa discipline ne suffiraient pas pour réprimer l'insubordination, et dans le cas où son comité supérieur jugerait à propos de les déférer à la juridiction du droit commun.

XVIII. Est considéré 1° comme publiciste, tout écrivain versé dans l'étude des hautes questions d'état, et faisant ou ayant fait son occupation habituelle de l'examen approfondi de toutes les matières relatives à la législation des peuples, au gouvernement des sociétés et à la civilisation en général.

2° Comme écrivain politique, tout homme de lettres adonné à la discussion des intérêts sociaux, dans leurs rapports actuels, et s'occupant spécialement de l'examen critique des actes du gouvernement, de la gestion des affaires publiques et de l'analyse raisonnée de tous les évènemens qui sont du ressort de la politique.

3° Comme simple journaliste, tout rédacteur attaché à une publication périodique traitant habituellement ou accidentellement, et sous quelque forme que ce soit, de matières politiques, scientifiques ou littéraires.

Ces trois degrés de capacités littéraires forment la classe des écrivains que comprend la dénomination générique de l'ordre ou corps des publicistes : tout nom servant à désigner une corporation quelconque devant être pris dans une de ses plus nobles attributions.

XIX. Le conseil de la presse est composé de tous les écrivains admis à faire partie du corps ou de l'ordre des publicistes. Il est représenté par les principaux chefs de tous les grands journaux (qualifiés de journaux d'état par les dispositions ci-après) ; plus, cinq publicistes ou écrivains politiques, choisis dans le corps entier à la majorité des voix. Cette réunion, instituée chaque année en comité de direction, sous le nom spécial de conseil de la presse, sera chargée de régler tout ce qui est relatif aux intérêts comme à la gloire de la presse périodique. Ses décisions feront loi absolue pour tous les membres de l'ordre ; et il est inutile de dire que ses réglemens auront toujours pour principal objet, soit dans le fond, soit dans la forme de la pensée, le respect public dû aux premiers élémens de l'ordre social, tels que la religion, les mœurs, les traditions sociales consacrées par la conscience du peuple, et tout ce qui peut tendre à tenir la manifestation de la pensée au niveau des conversations d'une société polie ou d'un enseignement grave et mesuré.

XX. Le conseil de la presse périodique, ainsi représenté par ses élites, sous le nom générique de l'ordre même, sera présidé par un chef annuel et par deux sous-chefs, sous les titres de régent et de SOUS-RÉGENT *du conseil de la presse*. Toutes les décisions de ce conseil administratif seront, après délibérations, arrêtées à la majorité des voix.

XXI. Il sera préposé d'office, par le gouvernement, auprès du conseil administratif de la presse périodique trois commissaires fondés de pouvoir, à l'effet de concerter avec le susdit conseil toutes les mesures nécessaires pour assurer l'exécution des statuts et réglemens de l'ordre, soit dans l'intérêt de l'état, soit dans celui de la société et du gouvernement. Ces trois commissaires auront le titre de *syndics royaux* près le conseil de la presse périodique ; un d'eux assistera toujours aux délibérations du conseil, et y aura voix délibérative. Toute décision du conseil administratif n'étant valable qu'autant qu'elle portera ces mots : PRISE (la décision) ET DÉLIBÉRÉE EN PRÉSENCE DES SYNDICS ROYAUX.

§. C'est par la voie de ces commissaires *syndics royaux*, que le conseil administratif de la presse communiquera avec le gouvernement *et vice versâ*. Et c'est par la voie de son régent ou de ses sous-régens, que le conseil de la presse communiquera avec toutes les autorités judiciaires ou administratives du gouvernement.

NEUVIÈME LETTRE (1).

TITRE III.

ORGANISATION SPÉCIALE.

Institution particulière commune à toute publication périodique, journaux d'état, journaux politiques, simples gazettes.

XXII. Toute garantie sociale a sa source dans le sein même de l'organisation respective de chacun des corps politiques dont se compose l'organisation générale. Toute institution a pour but de régler l'organisation de chacun des corps dont se compose l'organisation générale, de manière à ce que l'exercice de ses facultés soit également conforme aux intérêts de son développement particulier et aux intérêts de l'état dont le pouvoir résulte du concours de toutes les facultés ou puissances sociales.

La presse périodique étant, par sa nature et dans les mœurs actuelles, la plus grande puissance existante, doit, par son organisation, offrir la plus grande garantie à la société, pour mériter ou justifier la confiance publique, principe même de sa force. Participant à la fois, et de la puissance de l'enseignement et de celle du gouvernement par son ascendant sur les mœurs et sur l'esprit public, l'institution de chacun de ses organes doit comporter toutes les garanties qu'offrent à la société toutes les grandes influences sociales sur lesquelles reposent et la direction des mœurs et l'enseignement des esprits. Car, de quel droit exigerait-on moins d'un précepteur de peuples et d'un directeur d'état que d'un maître d'école secondaire? Or, un journal est ou aspire à être ou peut devenir un précepteur d'état et un directeur de peuple. C'est donc dans ces vues et pour répondre à toutes ces fins, que l'institution particulière de toute publication périodique a été conçue ainsi qu'il suit :

XXIII. Les journaux sont ou l'expression, ou les tuteurs et les conseillers de l'intelligence publique. Un journal est une chaire, ou une tribune, ou un forum intellectuel. Et, parmi la diversité des opinions et des sentimens politiques, chaque portion distincte de l'intelligence publique y cherche et désire y trouver, ou l'enseignement qui l'instruit, ou les directions qui la guident, ou les rumeurs du jour qui l'intéressent et

(1) Publiée le 27 août dans *la France*.

dont l'objet l'occupe. Les journaux sont de la sorte partagés en trois classes, savoir :

Première classe. — LES JOURNAUX D'ÉTAT : Ceux où l'enseignement politique est professé *à priori*, et dont toutes les questions de haute théorie sociale sont la matière habituelle ainsi que l'objet principal.

Deuxième classe. — LES JOURNAUX POLITIQUES : Ceux où les faits, les événemens politiques, les actes du gouvernement et leur influence sur le bien-être social et la fortune publique, sont commentés, raisonnés et analysés, conformément à l'esprit dans lequel ces journaux sont rédigés.

Troisième classe. LES SIMPLES GAZETTES : les feuilles éphémères où les bruits, les nouvelles du jour, les accidens de la vie publique et tout ce qui peut intéresser ou amuser le lecteur oisif sont journellement rapportés et présentés sous la couleur et sous la forme du genre d'esprit adopté par ces feuilles.

§. Les deux premières classes forment seules la catégorie des grands journaux ; la troisième est placée sous leur patronage, et relève de leur responsabilité respective, soit auprès du gouvernement, soit auprès du public.

XXIV. L'organisation de tout grand journal se compose de trois corps élémentaires : un de direction, un de rédaction, un d'administration. Ces trois corps élémentaires sont respectivement institués de la sorte, savoir :

1° Le corps de la direction d'un grand journal, soit du premier, soit du second degré, résulte du concours d'un certain nombre d'actionnaires-garans, fondateurs ou patrons dudit journal, et moralement solidaires, ou des doctrines, ou des principes qu'il professe.

§. Ces actionnaires-garans sont représentés par le rédacteur principal du journal, qu'il soit choisi par eux ou qu'ils aient été entraînés par lui dans son entreprise.

§. Le principal rédacteur est responsable en tout et pour tout des principes et doctrines professés par le journal ; il en a la direction exclusive et absolue, et toute la direction du journal est sous ses ordres, sauf par lui à consulter, quand il le juge à propos, son conseil de direction, naturellement formé des actionnaires-garans. Il communique seul et directement avec le conseil de la presse dont il fait partie, et dont il peut même être l'un des sous-régens ou le régent.

§ Dans les grands journaux de première classe, le principal rédacteur prend le titre de chef de doctrine ; dans ceux de deuxième classe, celle de rédacteur en chef ; et dans celle de troisième classe, celle de directeur.

2° Le corps de la rédaction d'un grand journal se compose de tous les rédacteurs qui y sont attachés, soit à titre onéreux, soit à titre honoraire ; ils forment naturellement le conseil du principal rédacteur, pour ce qui a rapport à la rédaction du journal et à son crédit politique, moral et littéraire.

3° Le corps d'administration consiste en tout le personnel que nécessite la mise en œuvre du journal; il est présidé par un administrateur en chef, dans le ressort du quel entrent tous les employés du journal et tous les intérêts matériels dont il est responsable, tant vis-à-vis de la direction que vis-à-vis des tiers en rapport avec l'administration du journal, et pour quelque motif que ce soit.

XXV. L'institution de tout grand journal est grevée d'un capital responsable de cent mille francs, fourni par les actionnaires-garans dont le nombre ne peut être moindre de vingt-cinq. Ce capital responsable est versé entre les mains du trésor par l'administration du journal, sous le nom de l'administrateur en chef et de deux co-gérans ses adjoints; cette caution numéraire est pour répondre et faire face à tous jugemens ou condamnations fiscales encourues par le journal pour faits d'outrages, de calomnies, ou tout préjudice quelconque à lui imputés, soit envers des particuliers, soit envers des fonctionnaires du gouvernement ou le gouvernement lui-même, tous cas qui devront être préalablement soumis au conseil de la presse, et ne seront déférés aux juridictions ordinaires que sur le refus qu'il aurait fait d'en connaître; ou par voie d'appel contre sa décision.

§. Hors les cas énoncés ci-dessus, le capital responsable de tous les journaux régulièrement institués ne sera saisissable ni aliénable à quelque titre que ce soit; et, dans les cas énoncés, il devra être remis au complet immédiatement après qu'une somme quelconque en aura été légalement distraite.

XXVI. L'institution d'un grand journal ne sera considérée comme régulière et définitive que lorsque son organisation aura été constatée par un acte authentique, écrit en forme de convention mutuelle entre toutes les parties composant son organisation; signé nominativement par elles toutes, et contresigné par un des commissaires du gouvernement ou syndics royaux à qui le double en sera remis avec mention de cette formalité, sous peine d'invalidité pour le diplôme d'institution.

§. Par clause spéciale, l'acte d'institution de tout journal devra faire mention de la promesse formelle, au nom de tout le personnel de son organisation, d'une soumission sans réserve aux statuts de son institution particulière, et d'obéissance aux lois réglementaires ou lois de discipline émanées du conseil de la presse.

XXVII. relativement aux journaux du troisième degré, dit simples GAZETTES. Leur institution relèvera des grands journaux, sous le patronage et la surveillance desquels elles sont placées; leur organisation consiste uniquement en un directeur et en un gérant: l'un responsable de la rédaction du journal-gazette vis-à-vis du grand journal sous le patronage duquel il s'est mis; l'autre responsable de l'administration vis à-vis des tiers.

§. Le capital responsable d'un journal-gazette est, pour Paris, de cinquante mille francs, et pour la province, de vingt-cinq mille ou même de douze, selon les localités. Cette caution est pour satisfaire aux mêmes éventualités énoncées plus haut relativement aux grands journaux.

XXVIII. Tous les journaux de province sont placés dans la troisième catégorie, celle des journaux-gazettes, et, comme tels, mis respectivement sous le patronage et la direction politique d'un des grands journaux dont ils forment la clientelle et sont en quelque sorte les succursales.

XXIX. L'organisation d'un journal du troisième ordre n'est considérée comme légalement et dûment instituée qu'autant que son institution est constatée par son acte de société, acceptée par celui des grands journaux sous le patronage duquel il s'est mis, et contre-signée avec approbation d'un des syndics royaux à qui le double acte d'institution a été remis directement par le régent ou l'un des sous-régens du conseil de la presse, lequel l'a reçu du chef de doctrine ou du rédacteur en chef de celui des grands journaux qui a la responsabilité des actes de la GAZETTE instituée.

TITRE IV.

STATUTS RÉGLEMENTAIRES DE L'ORDRE DES PUBLICISTES, SOUS LE TITRE DE CONSEIL DE LA PRESSE.

XXX. L'essence du pouvoir de la presse étant la publicité, et sa véritable puissance ne pouvant résulter que de l'honorable usage qu'elle fait de son influence sur les mœurs et sur l'esprit public, rien d'occulte, rien de furtif n'y doit être toléré : tout doit s'y faire au grand jour, et rien ni personne ne doit y trouver un refuge à la notoriété publique. A la modestie du mérite il est seul permis de s'y cacher sous le voile de l'anonyme. En conséquence, tout chef de doctrine, pour les JOURNAUX D'ÉTAT, tout rédacteur en chef pour les JOURNAUX POLITIQUES et tout directeur pour les GAZETTES, assume sur lui la responsabilité de toute la direction du journal qu'il dirige, ou doit se tenir toujours à même de livrer à la publité les renseignemens qui lui sont demandés par le conseil actif de la presse, au nom de qui que ce soit qui en adresse la demande à celui-ci.

XXXI. Le principal objet de la presse périodique étant d'éclairer l'intelligence publique et de rappeler les mœurs aux vrais principes de la sociabilité que nos discordes civiles semblent y avoir éteints, et le plus sûr moyen d'influence étant celui de l'exemple, la première règle qu'impose le conseil de la presse à tous les écrivains de son ressort, c'est la pudeur publique dans la pensée et dans son expression; c'est le respect dû à la religion, à la morale et à toutes les convenances sociales constitutives d'un état policé, prenant pour tarif constant de cette règle et pour type de sa pratique le ton de la discussion tel qu'il règne dans la conversation entre gens d'éducation et de bonnes manières, sans pourtant astreindre la pensée ou la plume de l'écrivain à se dépouiller en rien de la verve et de l'énergie où la discussion les entraîne souvent malgré elles.

XXXII. Tout journal de première classe, JOURNAL D'ÉTAT, devra comporter, dans son titre ou son second titre, l'énonciation claire et précise de l'intérêt social sur lequel repose principalement sa doctrine, ou le point de vue spécial sous lequel il envisage la politique que sa publication a pour objet de développer; ce point étant essentiel, dans son propre intérêt, pour aider l'esprit public à savoir ce qu'il veut, où il tend, et à pouvoir discerner en quoi il diffère des autres. Il en est responsable, par l'organe de son principal rédacteur, qui, pour cette raison, prend le titre de **CHEF DE DOCTRINE**, chargé qu'il est d'en défendre les principes envers et contre tous.

§. Il en est de même à l'égard de tout journal de deuxième classe : *journal politique*, son titre ou son second titre doit comporter l'énonciation, l'esprit et le but dans lequel il est rédigé ; et son rédacteur en chef a la responsabilité des principes qui sont professés dans le journal dont il a la direction politique.

XXXIII. Toute doctrine émise par un **JOURNAL D'ÉTAT**, ou tout **PRINCIPE POLITIQUE** professé par un **JOURNAL POLITIQUE**, jugé funeste ou dangereux ou seulement controversible, et susceptible de donner lieu à une polémique nécessaire soit de journal à journal, soit entre le gouvernement et lui, ou bien entre lui et tel écrivain politique ou publiciste qui l'y provoquerait, sur l'invitation ou la sommation qui lui en sera faite par le conseil de la presse, au nom de la personne de qui émane le défit, le journal ainsi provoqué, sera tenu d'insérer la réplique de son adversaire ou dans ses colonnes ou dans un supplément à part, moyennant qu'il sera d'avance indemnisé de tous les frais de cette insertion par la partie réclamante.

§. Cette réclamation, venant de la part d'un des **SYNDICS ROYAUX**, pourra être immédiatement adressée au *chef de doctrine* ou au *rédacteur en chef* du journal, sans l'entremise du conseil de la presse ; et il y devra être fait droit sans délai ; seulement le *syndic royal* devra, en même temps, en donner avis au régent ou sous-régent du conseil de la presse.

XXXIV. Tout journal régulièrement institué, et dans la rédaction duquel il aura été inséré volontairement ou involontairement une imputation fausse, un outrage, une calomnie ou une diffamation quelconque, préjudiciable au caractère, à la réputation ou aux intérêts de qui que ce soit, devra en insérer la rétractation aussitôt qu'il y aura été invité ou sommé par la personne intéressée; et sur son refus, il y sera contraint par le conseil de la presse, selon que celui-ci jugera la réclamation demandée capable d'intéresser l'honneur du corps, ou son rejet capable de porter atteinte à la dignité de la presse, sous les peines portées au réglement disciplinaire.

XXXV. Aucun écrivain ne sera admis à faire partie du corps de la rédaction des grands journaux, s'il n'est inséré au tableau de l'ordre des publicistes et soumis à l'autorité du conseil de la presse. Tout écrivain faisant partie de la rédaction de journaux du troisième ordre devra être licencié, aspirant de l'ordre.

§. Aucun écrivain politique ou publiciste ne sera admis comme chef de doctrine ou rédacteur en chef des grands journaux, s'il n'a fait ses preuves en cette qualité, ou s'il n'est, par sa réputation et son talent, reconnu capable d'occuper ce poste. Le prospectus ou le plan de toute publication annuelle qui aura pu rallier à son entreprise le nombre d'actionnaires-garans nécessaire à son institution, donnera de droit à son auteur titre et rang parmi les chefs de doctrine ou rédacteurs en chef des grands journaux.

TITRE V.

RÉGLEMENT DISCIPLINAIRE ET POLICE DU CONSEIL DE LA PRESSE.

XXXVI. Toute discipline sociale ayant pour but le maintien des statuts constitutifs de la communauté, et les statuts constitutifs d'une communauté quelconque étant puisés dans l'intérêt de sa puissance et de sa prospérité, la discipline de l'ordre des écrivains politiques ou publicistes doit être d'autant plus sévère et d'autant plus rigidement observée par tous ses membres, que sa puissance est plus grande et l'exercice de sa puissance capable de déverser plus de gloire sur chacun de ses membres. A ce titre, le conseil de la presse, en tant que conseil de discipline, composé ainsi qu'il a été déduit, exerce un empire absolu sur tous les membres de son ordre pour le maintien de l'honneur du corps et de la dignité de la profession.

§. Ses décisions font loi suprême, en tout ce qui concerne les intérêts intimes de la presse et les rapports réciproques entre tous les membres de l'ordre. Ces rapports, à part les formes qui en seront ultérieurement précisées et arrêtées d'abord; puis ensuite modifiés, au gré de l'expérience, devront toujours avoir pour bases l'accord et l'harmonie entre tous les membres de la profession. Déférence mutuelle, égards personnels et constant échange de prévenances réciproques devront, du moins autant que possible, toujours régner entre eux; c'est à en établir et à en entretenir l'habitude que devra s'appliquer le comité de discipline du conseil de la presse.

XXXVII. Tout différend, toute contestation, toute querelle ou dispute, soit d'intérêt, soit d'amour-propre, seront soumis au comité de discipline, qui en réglera l'objet à l'amiable, interposant néanmoins son autorité dans le cas où les parties récuseraient son entremise officieuse.

§. Toute plainte, réclamation, tous griefs allégués contre un journal ou contre toute personne attachée, soit à sa direction, soit à sa rédaction, soit à son administration, et auxquels il n'aura pas été fait droit par le journal même, pourront être déférés au comité de discipline, dont l'entremise, toujours exercée à l'amiable d'abord, pourra sévir ensuite contre les parties récalcitrantes.

§. Dans les cas importans, une assemblée générale de tous les membres du conseil actif de la presse sera convoquée par le régent, ou, à son défaut, l'un des vices-régens.

XXXVIII. Toutes les fois que les *syndics royaux* ou commissaires du gouvernement le jugeront nécessaire, cette convocation générale aura lieu, à leur requête spéciale, soit pour une réclamation à faire accepter, soit pour une plainte à faire entendre et à poursuivre, soit pour une proposition à soumettre, les *syndics royaux* exerçant auprès du conseil de la presse en quelque sorte les mêmes fonctions que les procureurs du roi auprès des tribunaux ou les référendaires auprès de la cour des comptes.

XXXIX. Les peines du ressort de la juridiction intime du conseil de la presse sont en général : la radiation du tableau de l'ordre, la suspension des priviléges y attachés, ou le blâme pur et simple à l'égard de celui ou de ceux des membres qui n'auraient pas déféré aux ordres du conseil. En particulier, ce sont pour les chefs de doctrine et rédacteurs en chef, l'interdiction pour un temps ou pour toujours de leur gérance, la censure de leur doctrine ou de leurs principes, ou l'admonestation; pour le journal, c'est l'amende, la remontrance ou même la suppression, soit pour un temps ou pour toujours, du diplôme en vertu duquel il est institué.

XL. Les actionnaires-garans pourront, dans le cas où ils trouveraient soit leur honneur, soit leur intérêt compromis par la direction du journal, et dans le cas même où la direction en aurait été interdite, soit au chef de doctrine, soit au rédacteur en chef, en demander ou en proposer le remplacement au conseil de la presse, en substituant au journal un autre titre au lieu de celui qui est la propriété de l'écrivain qui l'a créé.

XLI. La surveillance du conseil s'étend jusques sur la composition de tout le personnel de l'établissement d'un journal. Elle a le droit de contraindre, ou la direction, ou la rédaction, ou l'administration, à ne pas tolérer dans son sein telle personne que sa conduite, ses mœurs ou son caractère rendraient indigne d'en faire partie, rien que d'honorable ne devant tenir de loin ou de près à l'ordre des publicistes, conseil de la presse.

TITRE VI.

ARTICLES TRANSITOIRES.

XLII. Il est alloué trois mois à la presse périodique pour vaquer à la présente organisation, et s'instituer conformément à l'esprit des statuts ci-dessus énoncés.

XLIII. Tous les directeurs et rédacteurs en chef des journaux actuellement existans, composent naturellement le conseil provisoire de la presse et devront s'assembler dans le plus court délai pour aviser entre eux, conjointement avec les commissaires du gouvernement, *syndics royaux*, aux modifications à apporter au présent projet d'organisation et aux meilleurs moyens de l'effectuer le plus promptement.

A LA CHAMBRE DES DÉPUTÉS.

DIXIÈME ET DERNIÈRE LETTRE (1).

Appel des erreurs de l'homme public à la conscience de l'homme privé.

Monsieur,

C'est votre conscience privée, c'est votre jugement intime, dépouillé de toute influence collective, que je provoque dans cette lettre à l'examen réfléchi du contenu des neuf précédentes. Celles-ci n'ont été adressées qu'à l'homme public, dans la persone du corps même dont vous êtes membre, et je ne me suis pas un instant flatté qu'à ce titre elles eussent la chance d'un autre résultat que celui de constater une mise en demeure et de servir un jour à dénoter l'esprit dont la législature actuelle est animée. L'objet de la discussion qui forme la teneur de ces lettres passera promptement, si même il a jamais été une réalité sensible ; et la teneur de ces lettres restera pour en attester l'avortement prématuré.

Mais ici, c'est l'homme privé que cette lettre prend à part et comme dans le confessionnal de son for intérieur, pour l'aider à s'avouer secrètement les torts ou les erreurs dont le joug de l'homme public a grévé sa conscience. Car tel est l'empire absolu de la déception sociale où nous vivons, que rien et personne n'y étant à sa place ou sous son vrai nom, pas un homme investi d'un caractère public ne peut apporter dans l'exercice de son investiture, ni toute sa conscience d'homme privé, ni toute la rectitude de son jugement particulier. Aussi, Monsieur, n'ai-je en m'adressant à vous comme député, fait que céder à des sentimens de courtoisie et de convenance, ne réputant caractère public légitime que celui où l'homme social apporte et déploie librement tout son caractère privé, tel que le font sa foi, sa conscience et son jugement propre.

(1) Publiée le 29 août dans *la France.*

Quel homme, en effet, placé dans une position ostensible, de quelque nature qu'elle soit, peut affirmer qu'il pense foncièrement tout ce qu'il dit publiquement; qu'il sent au fond de son cœur tout ce qu'il manifeste hautement, et, qu'en un mot, son être authentique est la fidèle expression de son être intime? Pas un! Beaucoup s'en vantent, quelques-uns le croient sincèrement; et le plus grand nombre cherche à s'étourdir sur cette confrontation avec soi-même. Mais le mieux partagé, sous ce rapport, est celui qui se trompe de bonne foi, sans le savoir ou sans le vouloir.

Une preuve entre mille, et c'est la plus frappante : Quel est l'homme sensé qui consentirait à pratiquer dans sa famille, dans le cercle de ses intérêts particuliers, dans sa sphère individuelle, dans son commerce ou dans sa profession et dans le gouvernement de son être ou moral ou physique, le système social, où qu'il prêche, ou qu'il appuie de ses vœux, ou qu'il soutient de ses efforts, ou qu'il impose à l'aide de son autorité, dans l'état, dans le gouvernement de la société en général, et dans la gestion des affaires publiques? Pas un! Or, tout système social ne vaut que par son intime connexité avec les mœurs, et que par son identité parfaite avec le caractère et les penchans du peuple qu'il enserre.

Ces vérités sont de celles dont Bossuet a dit : ON LES SENT COMME LE FROID ET LE CHAUD.

C'est donc à l'homme libre (car il n'y a plus de libre à présent que l'homme privé, au rebours de toute civilisation), à l'homme impartial, que je demande un moment de sérieuses réflexions sur ce qui se passe, et déjà je pourrais même dire sur ce qui vient de se passer autour, en dehors de lui. L'air vibre encore de l'immense question sociale dont le bruit agite si diversement les esprits. Quelque part que vous y ayiez prise, satisfait ou non de votre rôle dans ce conflit public, enfermez-vous dans vous-même, et regardez-y la chose à nu. Voilà tout ce que je vous demande dans l'intérêt de votre propre contentement, et c'est pour vous faciliter cet intime entretien que ce *traité* a été fait et conçu. Il sera aussi vrai dans six mois, dans six ans, qu'à présent. Tandis que la loi qu'il combat ne l'est pas même aujourd'hui, où elle demande à voir le jour.

Bon ou mauvais, bien ou mal fait, ce *traité* est *complet* en ce qu'il envisage la question proposée sous toutes ses phases et se termine par un exemple précis à l'appui des préceptes de la théorie qu'il déduit. Comparez cet exemple avec la loi que vous avez discutée ou votée, et demandez-vous, dans le fond de votre âme, lequel de cet exemple d'institution ou de cet acte de compression répond le mieux aux exigences de la question.

Quelle est-elle, d'abord, la question? car elle n'a pas même été franchement posée; l'abus des mots en a dénaturé l'objet réel. D'horribles abus, d'outrageans écarts, une effroyable et contagieuse perversité d'esprit, règnent dans les mœurs, y étouffent le germe de toutes les vertus, y fomentent le levain de tous les vices et y perpétuent le triomphe des plus honteuses passions ; voilà le fait : tout le monde en est convenu hautement ou tacitement. C'est donc dans ce fait avéré qu'est le mal dont la société gémit, et auquel la législation cherche un remède. Cela est encore notoire. Mais quelle est la source où ce fait a pris naissance? C'est la presse, vous dit-on. Soit; mais pourquoi, comment, et depuis quand la presse est-elle devenue le foyer de tous les maux? Voilà le véritable point sur lequel repose toute l'interprétation du fait, cause et origine du maléfice à éteindre. C'est la presse actuelle ; ce sont ses débauches, ses violences, ses désordres, son immoralité, sa licence effrénée et sa révolte actuelle contre tous les principes d'ordre et contre toutes les convenances sociales, qui font la perturbation morale dont la société souffre.

On vous ment quand on dit cela : la presse actuelle n'est elle-même que l'expression des mœurs actuelles ; elle est le miroir de l'époque ; et tel qui la maudit dans ses écarts les plus hideux n'a qu'à s'y bien regarder, il y trouvera son image dans quelqu'un de ses autres traits. N'importe : admettons que ce soit la presse actuelle qui seule ait amené la société au bord de l'abîme où elle penche, en quoi lui préjudicie-t-elle à ce point ? Voilà ce qu'on appelle conduire une question à la lisière et pas à pas jusqu'à sa plus exacte solution. « Tout le « préjudice, vous dit-on, réside dans ses outrages envers le souverain; « dans le mépris qu'elle déverse sur son autorité ; dans ses diatribes « et ses libelles sur le principe même de l'état et du gouvernement. « Comprimez, de gré ou de force, la presse dans les bornes du res- « pect que fait la crainte, à défaut de celui qui vient de la convic- « tion ; frappez-la de terreur, enfin, et tout est fini : tout rentre dans « l'ordre, et les mœurs renaissent! » Voilà ce que vous dit la loi nouvelle. La loi nouvelle en a menti. La loi nouvelle vous abuse : elle promet plus qu'elle ne peut tenir, et ne promet pas même ce qu'elle devrait tenir. La licence de la presse à l'égard, et du souverain, et de l'état, et du gouvernement, n'est qu'une ramification et comme la conséquence de celle dont elle use à l'égard de tous les autres intérêts de la société dont le gouvernement, l'état et le souverain ne sont qu'une fraction. C'est donc toute la société, non pas seulement une de ses fractions, fût-ce la plus élevée, qu'il s'agit d'abriter contre les intempéries de cet élément destructeur ; autrement ce n'est que risquer d'aggraver le mal sur un point en le détournant d'un autre.

Or, quel est l'unique but auquel tend cette loi? Quel est son caractère avoué? Son but est d'amortir son maléfice, uniquement en ce qui concerne le principe du gouvernement et sa personnification. Rien de plus juste, rien de mieux jusques-là ; mais, et tout le reste de la société, quel sera son abri contre la licence de la presse et celle des mœurs dont la presse est l'organe? La loi n'y a pas même songé! La loi laisse carte blanche à la licence de la presse, à tous ceux de ses coups qui n'entreront pas dans le rond qu'elle a tracé. La loi n'est qu'un para-libelle, un auvent moral, et, permettez-moi cette figure, un riflard-politique, à l'usage de quelques intérêts de personne ou de chose privilégiées, et dont la protection est interdite à tout le reste de la société. Donc, le véritable but auquel il fallait viser pour couper le mal dans sa racine, est loin d'être atteint, puisque la licence des mœurs et celle de la presse, qui en est l'expression, subsisteront toujours; et peut-être avec d'autant plus de violence à l'égard des autres intérêts sociaux, qu'elle éprouvera un plus grand besoin de se venger sur eux des restrictions qui lui sont imposées d'autre part.

Et à quel prix encore vous propose-t-on la conquête de ce précaire et mesquin expédient? Au prix d'un appareil législatif qui hurle de se trouver en face de son millésime contemporain! Au prix d'une infraction flagrante à des engagemens solennels! Au prix d'une rupture ouverte et d'une guerre déclarée avec une partie de la société divisée en deux classes d'hostilité : l'une pour cause d'interdiction, l'autre pour cause d'abandon!

La belle loi que vous avez votée là!

A ce tableau, Monsieur, dont aucune couleur n'est forcée, comparez celui que présente L'INSTITUTION DE LA PRESSE, telle que la comporte le plan déduit plus haut; et supposez-lui, pour un moment, force de loi. Quel sera le fruit de son exécution? Un grand développement social, une puissante action sur les mœurs et sur l'esprit public, dépouillée de tous les vices qu'on reproche maintenant à la presse. Là, pourtant, il n'est pas question d'une seule mesure répressive; il n'y a pas l'ombre d'une contrainte; pas une idée de prohibition. C'est la liberté vraie, féconde et protectrice du droit qu'elle consacre, comme l'est la liberté partout où elle règne : c'est-à-dire sans préjudice et sans lésion envers aucune franchise sociale.

Mais, peut-être, vous direz-vous, ce plan est impraticable, il est chimérique! Détrompez-vous : il est écrit dans les mœurs, il respire jusque dans les besoins de la presse elle-même, qui n'attend que l'occasion pour sortir de son état inculte et anti-social. La société est un besoin partout et dans tout : le bien-être social, qui est la vérité politique, est actuellement le seul changement qui offre un attrait de nouveauté, parce que le mensonge a épuisé tous ses prestiges sur la crédulité des peuples modernes. La première institution réelle qui sera mise sur pied entraînera tous les esprits depuis si long-temps sevrés de *sociabilité* effective.

Le temps n'est pas éloigné où vous verrez en France toutes les communautés d'intérêt social rivaliser d'esprit, d'ordre et d'organisation, avec la même ardeur que naguère elles rivalisaient entr'elles d'anarchie et de despotisme. Heureux et malheureux à la fois le siècle où il n'y a plus rien de neuf à essayer, pour capter la multitude, que le repos de l'ordre et la vérité du bien-être social! Tel est l'état moral où nous sommes; et j'en ai si fermement la conviction, que ce plan d'organisation pour la presse, qui pourra sembler à quelques esprits impossible, même avec l'aide de toutes les forces et de tous les moyens de l'autorité suprême, j'en donnerai moi-même un jour l'exemple pratique, et à moi seul je le réaliserai, soit en partie, soit en totalité, quelqu'obstacle qui s'y oppose, ou de la part du gouvernement, ou de la part de la presse elle-même : *Labor improbus omnia vincit.* Une pensée vraiment sociale peut tout, quand elle est accompagnée de la volonté et du besoin de se faire jour dans les mœurs qui l'appellent et la réclament à haute voix. En attendant je n'ai voulu résoudre ici qu'un problème, celui de montrer ce que c'est qu'une institution génératrice, et comment, sans le secours d'aucune voie de coërcition, par la seule puissance de l'organisation, toute faculté sociale, quelque rebelle qu'elle soit à la civilisation, est susceptible de prendre, sous ses auspices, un essor bienfaiteur et un élan profitable à la société, que menaçait son usage déréglé.

Maintenant, c'est à vous, monsieur, dans votre conviction réfléchie, ayant sous les yeux les deux points de comparaison, de peser et de décider laquelle des institutions est la meilleure, de celle qui, pour réprimer un abus, supprime l'usage, ou de celle qui supprime l'abus en fécondant l'usage. Ce qui équivaut à vous demander : Quel est le médecin que vous préféreriez, de celui qui, pour guérir une plaie, ne sait d'autre expédient que l'amputation du membre qui en est atteint; ou de celui qui, dans cette même plaie, sait trouver un nouveau germe de santé et développer un nouveau principe de vie. L'un est la force et l'autre est le droit. Choisissez donc, mais dépêchez-vous, car la force s'épuise, et jamais le droit ne meurt : c'est l'âme de l'univers. C'est le règne que je vous souhaite et dans l'espoir duquel j'ai l'honneur d'être, avec la chance d'aller prêcher la vérité sociale au Canada,

Votre très humble serviteur, et je devrais dire esclave ou tout au moins sujet,

DE LISLE.

IMPRIMERIE DE J.-A. BOUDON, rue Montmartre, 131.

www.ingramcontent.com/pod-product-compliance
Ingram Content Group UK Ltd.
Pitfield, Milton Keynes, MK11 3LW, UK
UKHW021145220726
13924UKWH00003B/1021